石河子大学哲学社会科学优秀学术著作出版基金资助
本书是石河子大学2020年自主资助科研项目“跨代创业视角下家族企业代际传承实现路径研究”（项目编号：ZZZC202043A）和兵团社科项目（项目编号：20YB06）的阶段性成果

经济管理学术文库·经济类

家族企业代际传承模式探讨
——基于“家族性”视角

On the Mode of Intergenerational Inheritance of Family Business
—Based on the Perspective of “Familiness”

刘云芬／著

图书在版编目（CIP）数据

家族企业代际传承模式探讨：基于“家族性”视角/刘云芬著. —北京：经济管理出版社，2021.4

ISBN 978-7-5096-7945-6

Ⅰ. ①家… Ⅱ. ①刘… Ⅲ. ①家族—私营企业—企业管理—研究 Ⅳ. ①F276.5

中国版本图书馆 CIP 数据核字(2021)第 072589 号

组稿编辑：何 蒂
责任编辑：曹 靖 郭 飞
责任印制：黄章平
责任校对：王淑卿

出版发行：经济管理出版社
（北京市海淀区北蜂窝 8 号中雅大厦 A 座 11 层 100038）
网 址：www.E-mp.com.cn
电 话：(010) 51915602
印 刷：唐山玺诚印务有限公司
经 销：新华书店
开 本：720mm×1000mm/16
印 张：13.25
字 数：216 千字
版 次：2021 年 5 月第 1 版 2021 年 5 月第 1 次印刷
书 号：ISBN 978-7-5096-7945-6
定 价：88.00 元

联系地址：北京阜外月坛北小街 2 号
电话：(010) 68022974 邮编：100836

序

改革开放40年来，家族企业已经成为我国重要的企业组织形式，推动着国民经济的稳定增长。近年来，我国家族企业创始人大多已年近花甲，传承问题迫在眉睫，这关系到家族企业基业长青。家族企业具有的“家族性”造成子承父业的传承模式，相比引入职业经理人制度的外部传承模式，我国家族企业更偏好家族成员继承的内部传承模式。

本书在家族企业代际传承子承父业普遍性基础上，探讨了“家族性”所产生的子承父业的影响因素，运用博弈理论分析家族企业代际传承子承父业模式的合理性。因此，在目前家族企业“家”文化的作用和职业经理人市场发展状况下，子承父业的模式能发挥“特殊性家族性”的优势，仍是家族企业未来传承过程中的主要传承方式。随后，以“家族性”为出发点，从理论和实证两个方面详细论述“特殊性家族性”对企业绩效的影响，由此得出结论：“家族性”对企业绩效的影响是双重效应。要根据“家族性”发挥的作用机制，积极合理地利用“家族性”资源。在考察了规模和家族成员所有权结构不同的家族企业中，研究家族化管理和企业绩效之间的关系，在此基础上，分析家族企业子承父业模式“特殊性家族性”的优势，研究认为，随着家族企业的不断发展和规范，企业需要建立健全适合家族企业发展的治理机制。在家族利他主义程度对企业价值的影响的基础上分析家族企业子承父业“束缚性家族性”的劣势。研究结果发现：企业规模和家族成员所有权结构都会强化家族利他主义程度和企业价值的负向关系；进一步研究发现，在FFB中，企业规模和家族成员所有权结构的调节作用更明显。这一结论验证了家族利他主义“束缚性家族性”影响企业价值的理论依据，有助于将利他主义“束缚性家族性”和代理理论结合起来分析家族企业治理问题。本书研究“特殊性家族性”中家族涉入与慈善捐赠的关系，基于家族涉入的视角分析企业慈善捐赠的影响因素、家族意愿和社会反应等内容，试图探索家族涉入对企业慈善捐赠的家族性动机、内部环境和外部环境的影响因素以及家族慈善捐赠与企业价值通过企业融资中介传导机制产生的间接影响，将代际传承与家族慈善相结合，分析家族慈善捐赠的社会反应效果。基于资源观和家族内部关系视角，探讨了代际传承的关键要素，通过文献查阅，探寻家族企业“家族性”的竞争优势的独特要素，初步探讨构建了跨代创业视角下家族企业代际传承的理论模型，将传承计划、接班人创业团队、创业项目等因素纳入其中，初步探究跨代创业与代际传承的逻辑关系。最后从中国家族企业现实问题与德国“隐形冠军”特征出发，提出中国家族企业发展成为“隐形冠军”模式的条件，结合当前实际，探索中国家族企业发展成为“隐形冠军”模式的路径选择，为家族企业基业长青提出对策建议。

前 言

改革开放40年来，家族企业已经成为中国重要的企业组织形式，推动着国民经济的稳定增长。近年来，我国家族企业创始人大多已年近花甲，传承问题迫在眉睫，这关系到家族企业基业长青。家族企业具有的“家族性”造成子承父业的传承模式，相比引入职业经理人制度的外部传承模式，我国家族企业更偏好家族成员继承的内部传承模式。

家族企业代际传承是一个系统性工程，既需要在中华传统文化中探寻，也需要向西方企业学习先进经验；既需要家族文化的传承，也需要家族财富的有效传承。如何能够使家族企业基业长青呢？也许答案就隐藏在家族的交接班之中。很多学者从交接班过程中面临的问题、现状以及影响因素等诸多方面探讨家族企业如何顺利传承，然而，在激烈的市场竞争与国际环境中，家族企业在传承过程中面临着很多现实的挑战，如，接班人接班意愿不高、继承者能力经验不足、如何培养接班人等，学者运用社会情感财富、代理理论及管家理论等系统进行分析，探讨出了有利于家族企业代际传承的路径和方式。本书从家族性资源层面、家族性慈善捐赠和家族性跨代创业等方面，探讨家族企业代际传承模式的关键环节，厘清家族企业代际传承模式的影响因素及与慈善捐赠和跨代创业的关系。

本书以资源观、制度理论及社会情感财富等理论进行梳理，主要围绕以下问题展开：第一，在资源观视角下，研究家族性资源在传承模式中如何发挥作用？第二，基于社会情感财富框架和制度理论的视角，研究家族性慈善捐赠与代际传承如何结合？第三，跨代创业是一种战略变革行为，它在家族企业代际传承过程中对企业经营绩效会产生怎样的影响？

全书共分为十章：第一章，绪论；第二章，相关理论及文献综述；第三章，家族企业代际传承模式比较；第四章，家族企业子承父业模式优势分析；第五章，家族企业子承父业模式劣势分析；第六章，家族企业子承父业家庭涉入与慈善捐赠关系框架；第七章，家族企业子承父业家族涉入与慈善捐赠前置因素；第八章，家族企业慈善捐赠的效果评价；第九章，家族企业跨代创业传承模式探讨；第十章，家族企业基业长青模式——“隐形冠军”。

笔者

目 录

第一章 绪论

第一节 问题提出

一、研究背景

在中国40年波澜壮阔的改革开放浪潮中，民营经济取得了长足发展，涌现出大量优秀的家族企业，家族企业已成为推动中国经济发展的重要力量。随着第一代创业者已经步入暮年，家族企业全面进入代际传承的高峰时期（余向前等，2013）。世界各地的经验表明，家族企业传承之路往往荆棘密布（李新春等，2015），很多家族企业代际传承后导致企业绩效下滑（Villalonga 等，2006）。"富不过三代"如同魔咒忠实反映了家族企业传承的高失败率与所面临的严峻挑战（Tatoglu 等，2008）。方太集团主席茅理翔也曾断言：在未来5～10年，将有一部分家族企业在交接班中消亡。家族企业如何顺利完成传承，延续家族企业的社会情感财富，是值得每一个家族企业主思考的问题。如今占中国民营经济80%之多的家族企业正面临着家族代际传承问题，代际传承是一个多维的过程，传承意味着一系列核心要素的留存和转移（王扬眉等，2018）。Barney（1991）最早提出资源观，认为造成企业之间不同竞争优势的来源是企业特有的资源，随后Habbershon 等（1999）基于资源观视角提出"家族性"（Familiness）概念，将家族企业中的独特资源即"家族性"定义为家族企业中家族、家族成员和企业之间的各个部分作用所产生的资源束和能力。家族企业的家族性资源为传承提供了得天独厚的资源，这些传承的资源要素会影响家族企业代际传承的模式选择。家族企业的传承模式如何与家族性资源、家族性慈善与家族性创业等有机结合，探索出家族企业传承的创新模式。学者已广泛研究家族性资源的核心要素，具体传承过程中专业知识、管理理念、企业家特质（Lambrecht，2005）及家族使命、价值观（郭超，2013）、隐性知识（余向前等，2013），都会强化对家族文化的认同感，相比较于西方国家，中国受“家文化”的影响非常深远，使得家族企业代际传承更多是“子承父业”模式，大多以“差序格局”的方式确定接班人，就会排斥家族之外的职业经理人（孙秀峰等，2019），家族性专有人力资源的优势会给企业带来很大收益。家族企业要比普通企业更重视维护自身形象和社会责任。因为每个家族企业都希望长期延续，而持续发展离不开责任感。家族企业创立者特别重视家族文化及价值观的传承和延续，因此，家族慈善如今已经成为很多名门望族联系家族情感和培养道德准则的纽带。家族企业的跨代创业是企业保持创新、永续发展的方式，继承人通过一系列创新创业方式不断打破原有家族企业的各种束缚，利用家族性资源推行新的战略举措，实现家族企业的长期发展的目标，家族的跨代创业是家族企业在传承过程中不断革新，获取竞争优势的主要手段（李新春等，2016）。

然而，中国家族企业的传承、家族性慈善捐赠与家族性跨代创业相关研究尚处于初期阶段，因此，在复杂变化的社会大环境下，中国家族企业要顺利实现代际传承，必须要构建家族性视角下的代际传承、慈善捐赠与跨代创业的关系，厘清它们之间的关系和影响因素，实现家族企业的“传承”和“转型”的双赢。

二、研究问题

基于以上理论和实践背景，本书从家族性资源层面、家族性慈善捐赠和家族性跨代创业等方面，探讨家族企业代际传承模式的影响因素，厘清家族企业代际传承模式的影响因素及与慈善捐赠和跨代创业的关系。本书提出三大问题：第一，在资源观视角下，研究家族性资源在传承模式中如何发挥作用？揭示家族企业子承父业的合理性、优势和劣势等，明确家族性资源与家族企业代际传承之间的关系，进一步探析家族性资源在代际传承过程中的作用。第二，基于社会情感财富框架和制度理论的视角，研究家族性慈善捐赠与代际传承如何结合？揭示在不同股权制衡度和冗余资源的家族企业慈善捐赠的家族性动机，研究在不同类型外部环境的管制环境、规范环境以及认知环境下家族性涉入和慈善捐赠的关系，进一步探析家族企业慈善捐赠宏观制度环境的影响，深入分析家族慈善在代际传承中的重要作用。第三，跨代创业是一种战略变革行为，它在家族企业代际传承过程中对企业经营绩效会产生什么影响？纵观家族企业实践可知，代际传承有利于推动继承人的转型创业活动，而转型创业活动也必然会影响家族企业的代际传承。家族跨代创业与代际传承如何结合？在社会情感财富和家族文化视角下，初步探讨家族性资源在传承过程中的跨代创业分析。

第二节　主要概念界定

一、家族企业

（一）家族企业发展

家族企业是一种既古老又现代的企业组织形式。世界上最长寿的家族企业——日本大阪寺庙建筑企业金刚组创立于公元578年，已经历1400多年。胡润百富榜2006年发布的古老家族企业排名显示，不少全球家族企业的历史都长达200多年。同时，家族企业也是现代的，它遍布于世界的各个行业中。家族企业在全球经济发展中一直扮演着重要的角色。Gersick等（1999）指出，即便是最保守的统计，在全球企业中，家族企业占企业总数的比例也高达65%～80%。Gersick等（1997）研究发现，美国家族控股企业占比54.5%，英国为76%，澳大利亚为75%，西班牙为71%，意大利和瑞典都超过90%。在世界500强企业中，有40%的企业是家族企业。表1－1列出世界部分国家和地区家族企业占登记注册公司的比例。

表1－1　世界部分国家和地区家族企业占比情况　　单位：%

国家（地区）	家族企业占登记注册公司的比例
英国	76
瑞士	85

续表

国家（地区）	家族企业占登记注册公司的比例
西班牙	71
澳大利亚	75
意大利	>95
瑞典	>90
中东	>95

资料来源：笔者根据相关资料整理。

凡是经济实力较强的国家，必然拥有一批实力雄厚的家族企业，如美国有沃尔玛、福特、雅诗兰黛、杜邦、嘉吉等规模大的家族企业；韩国有三星、现代等著名家族企业；中国内地有三一重工、格兰仕、碧桂园、恒大、福耀玻璃等知名家族企业。在东亚国家，家族控制企业更为普遍。在美国，家族企业创造了美国国内生产总值（GDP）一半的财富；在德国，家族企业主要以中小规模为主要特征，其所创造的财富占国内生产总值（GDP）的66%，解决了75%以上的就业问题；在其他欧洲国家，家族企业也发挥着重要作用；在拉美国家，由家族建立和控制的大型企业在绝大多数产业都占据主导地位；在中国，家族企业也越来越受到人们的关注。

家族企业是一个古老而又现代的组织形态。说它古老，是因为它是一种拥有着最为悠久的历史的企业形态，在私有制条件下，最早出现的企业就是家族企业，在日本，有家世界上最古老的家族企业，创办于578年，已存活了1400多年，现今还在正常营业，它的名字叫“金刚组”，是由一名来自韩国的工匠柳重光所创办的，因柳重光到日本后改名为金刚重光，金刚组的名字就是由此得来（魏志华等，2013），同时它也是现代的，因为家族企业有着旺盛的生命力，其历经坎坷，却并没有衰亡，反而焕发出新的生机与活力，并与时俱进，呈现出一派欣欣向荣的局面。家族企业也是世界上最普遍的企业组织形式。它们在我们生活中随处可见，大到沃尔玛等上市公司，小到附近的夫妻店等，都是家族企业，它们是世界经济发展的一支重要力量，可以说，家族企业占据了世界经济的半壁江山。家族企业为何有如此旺盛的生命力？这主要得益于家族企业自身独特的资源优势，如家族企业的成员之间有着高度的信任意识、凝聚力强，同时，他们有奉

献精神，有很强的民族情结和社会责任感，此外，家族对企业控制权使企业可以高效决策、稳定运转等，这些优势使得家族企业在激烈的市场竞争中生存下来，并获得长足的发展。然而，根据国际调查机构麦肯锡的一项家族企业研究结果显示，家族企业的平均寿命只有24年，民间更是流传着“富不过三代”的说法，家族企业难以持续发展。因此，研究家族企业使其实现持续发展是非常具有现实意义的，而且家族企业大大缓解我国就业压力，推动我国经济的发展，其作用也是不容忽视的。

（二）家族企业的研究

虽然家族企业一直在经济的舞台上发挥着重要作用，但家族企业在学术界近几十年才引起关注。国外学者主要针对“公司治理”“成长与发展”“创新”以及“继任管理”等现实问题围绕家族企业相关议题展开讨论，由此可见，家族企业已逐渐成为一个独立的学术领域。随着时间的推移，学术界越来越重视家族企业的发展。尤其是在1988年，专门探讨家族企业的《家族企业评论》（*Family Business Review*）创刊，标志着家族企业正式成为一个国际学术研究领域。随后《企业理论与实践》（*Entrepreneurship Theory and Practice*，ET&P）、《商业风险期刊》（*Journal of Business Venturing*，JBV）以及《小企业管理期刊》（*Journal of Small Business Management*，JSBM）等一些国外重要学术期刊上也越来越多地发表家族企业方面的论文，因此，学者对家族企业的研究和关注与日俱增。而在中国，家族企业研究始于20世纪90年代，国内学者开始陆续在学术期刊上发表家族企业相关文献。刊登家族企业论文的期刊基本上都集中于管理学和经济学方面，国内专门研究家族企业的重要学术期刊较少，魏志华等（2013）研究发现，国内有关家族企业的相关文献大多数都发表在非CSSCI来源期刊上，只有《管理世界》和《科研管理》等少量CSSCI来源期刊上有家族企业相关议题的论文。Stewart和Miner（2011）认为，某一研究领域有专门学术期刊说明该领域有很好的发展前景。目前，国内缺少专门的学术期刊研究家族企业，这说明，中国家族企业的研究要成为一个独立的研究领域任重而道远。

（三）家族企业界定

家族企业在全球各个国家都有着重要地位，自2000年以后，国内学者才开始关注家族企业，因此，对家族企业的研究有了蓬勃的发展，但由于家族企业的定义涉及范围广，国内外学者目前没有一个统一的定论，学者通过不同的角度对家族企业进行了界定。家族企业在全球的经济发展中都扮演着非常重要的角色（许林等，2009）。在我国，家族企业也在推动国民经济发展、促进地方就业、增加财政税收和维护社会和谐发展等方面发挥着重要作用（刿佳媛等，2017）。然而家族企业的发展依赖于良好的内外部环境，研究家族企业就是要挖掘家族企业在发展过程中存在的问题，并帮助家族企业营造好的环境，使其更好地成长，这具有一定的理论和实践意义。纵观家族企业的发展历程，不难发现，家族企业领域的研究与家族企业所发挥作用和速度之间呈现出明显不匹配（林渊博等，2009），这将影响家族企业健康成长。而造成家族企业研究受阻的一个重要原因就是国内外没有出现一个公认的家族企业概念（Handler，1989），这就使得家族企业的研究缺乏统一性。Westhead 等（1998）最早发现了这一情况，他们搜集整理了大量家族企业研究的文献，并总结出 7 种主要的家族企业含义，从英国中央统计局中农业、林业和渔业、制造业和建筑与服务业四大行业中随机抽取了 2950 家，年龄在 10 年以上的非上市私营企业，经筛选后确定其中 887 家企业为样本，用 101 个题设对其进行了问卷调查并收集数据，排查了 460 个无效回答，结果显示，家族企业界定不同会导致研究结果存在显著差异，进一步证实了没有统一标准的家族企业概念会严重阻碍家族企业研究的进展。因此，在研究前一定要对家族企业概念进行清晰的界定。

从家族成员的参与度来界定家族企业：学者认为有家族两代以上的家族成员参与到公司的经营决策，并且与家族企业利益相关的企业是家族企业（郭跃进，2002）；从经营控制权来界定家族企业：一个家族或数个具有密切联盟关系的家族直接或间接掌握经营权，家族内部成员参与经营且家族的利益和名声会影响到企业政策，这样的企业是家族企业（Donnelley，1964；金祥荣等，2002）；从所有权来界定家族企业：有两个及以上的家族内部成员拥有企业的控制权，一个家族内部控制权超过 20% 的企业是家族企业（Barnes，1976；Donckels 等，1991；La Porta 等，1999）；从所有权和经营权来界定家族企业：家族企业中家族既要保留企业的控股权，还要多代家族企业成员共同参与经营，控制企业的发展战略方向，这样的企业是家族企业（Rosenblatt，1985）；从其他方面界定家族企业：雷丁（1993）将家族企业界定的侧重点落在了家文化。与雷丁观点相似的还有吕政

等（2011），他们用家族核心文化对家族企业进行界定，认为家族企业结合了经济组织和文化伦理组织的特点，它同时具有企业特征和家族文化，是企业和家族的统一。

综合学者的观点，按照学术研究，家族企业的界定为：家族对企业具有相对控制地位；家族的文化价值观主导企业愿景与使命；至少实现一次家族传承的企业。借鉴苏启林和朱文（2003）对华人家族企业给出的定义：华人家族企业是指有两位或两位以上家族成员在企业中担任关键管理岗位职务，且与企业的最大股权持有者之间有血亲或姻亲关系；企业最大股权持有者必须对企业能够绝对控股或相对控股；企业的实际控制权掌握在控股股东及其家族成员手中的企业。即必须要同时满足家族条件、产权条件、控制权条件和管理岗位条件这四个条件。

二、家族性资源

（一）家族性提出

家族企业是家族和企业相互作用的独特组织形式，也是家族涉入（Family Involvement）企业这种经济体的产物（Chrisman 等，1998）。家族涉入管理具有合理性和必然性。正如 1974 年诺贝尔经济学奖得主哈耶克所指出，具有竞争力的经济制度，是人们行为的结果，而不是人为设计的结果（刘绵勇，2012）。Chua 等（1999）认为家族涉入所产生的“家族性”是家族企业的基本特征和判断标准。研究“家族性”与家族企业的演变成长的关系是有价值的，可以深入了解家族企业的治理结构和组织行为特征（储小平，2004）。为了探讨家族涉入管理的企业竞争优势/劣势，Habbershon 和 Williiams（1999）率先将资源观的理论研究框架引入到家族企业研究中，并提出了“家族性”（Familiness）概念来构建家族企业的资源观理论。按照资源基础理论的思想，家族涉入所产生的“家族性”就是家族企业独特资源的一个重要来源，有效利用这个来源有助于构建家族企业竞争优势。尽管“家族性”这个概念似乎难以琢磨，从本质上看，它是一个整体概念，涵盖了家族特性通过企业这个“黑匣子”影响家族企业绩效的整个过程。“家族性”对家族企业产生积极和消极影响，家族企业能否把这些特有“家族性”资源转化为竞争优势的关键在于管理和利用好这些资源（何轩等，2007）。

(二) 家族性概念

Habbershon 和 Williiams (1999) 提出了“家族性”概念，定义为家族企业拥有的独特资源和能力束，它来源于企业的控制家族及其成员以及企业的系统，如图 1－1 所示。“家族性”又分为“特殊性家族性”（Distinctive Familiness）和“束缚性家族性”（Constrictive Familiness），这些独特的“家族性”因素来源于家族涉入决策管理过程中家族成员与企业系统相互作用，并形成独特的家族性资源和能力，是导致家族企业市场竞争优势/劣势双重效应的深层因素，最终对企业绩效产生影响，这些家族特殊性资源转移对企业代际传承产生什么样的影响有待进一步研究。

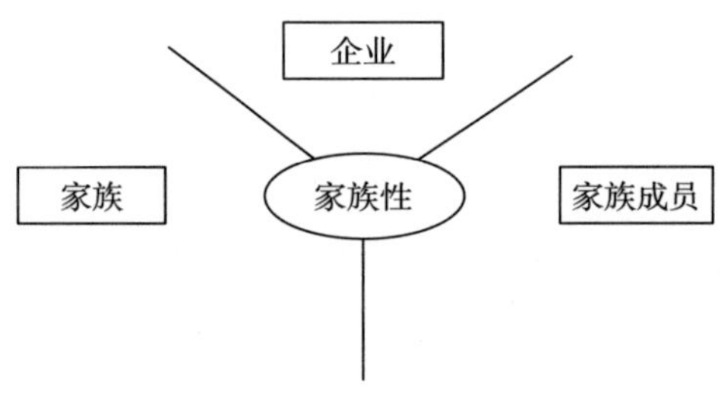

图 1－1　家族企业系统和家族性

“特殊性家族性”指家族涉入管理的家族、家族成员和企业相互作用的协同系统，它是创造企业竞争优势的潜在因素；“束缚性家族性”指家族涉入管理的家族、家族成员和企业相互作用的不经济，它是产生企业竞争劣势的潜在因素。“家族性”源自于家族的独特性（Idiosyncratic），包含家族的所有权、家族管理以及代际传承相关内容。

三、家族涉入

(一) 家族涉入界定

家族企业是家族和企业相互作用的独特组织形式（Chrisman，2005），也是家族涉入（Family Involovement）企业这种经济体的产物。因此，学者普遍认为家族涉入是家族企业的重要特征和判断标准（Chua 等，1999）。然而，在家族企业研究领域，定义家族企业是学者们面临的首要难题（Handler，1989）。研究者从不同的角度对家族企业进行界定，如所有权、管理权、家族成员参与等，但至今尚未有一个权威定义得到广泛认可，因而，家族企业还没有一个可测量的和统一的标准（窦军生等，2006）。通过梳理文献，总结具有代表性文献对家族企业的定义如表 1－2 所示。

表 1－2 已有研究对家族企业的部分代表性定义

文献来源	对家族企业的定义	涉及的维度
Donnelley（1964）	家族企业是指家庭中至少两代人同时参与企业的管理，两代人对家族政策、利益和目标等相互影响	家族传承 家族愿景
Handler（1989）	家庭成员在董事会任职并参与管理决策	管理权
Gersick 等（1999）	家庭拥有所有权和控股权的企业	家族所有权
潘必胜（1998）	一个或数个紧密联系的家族拥有企业的所有权，并参与管理的企业	所有权、管理权
Anderson 等（2003）	家庭拥有所有权和管理权，创业企业家在位或其子女继任	所有权、管理权 治理、传承
储小平（2004）	家族成员对企业拥有所有权和控制权，是家/泛家族文化规则下运作的独特组织	所有权、管理权 家族文化和关系

资料来源：笔者根据相关文献整理。

（二）家族涉入的三环模式

Gersick 等（1999）在家族企业研究中对所有权非常重视。他提出的家族企业三环模式如图 1－2 所示，为理解家族企业是家族涉入的复杂社会系统提供了理论依据。三环模式是指由家庭、企业和所有权构成的三个相互独立又相互交叉的家族企业系统。家族企业中的任何个体都被放置到这三个相互联系的子系统中的某一个区域。第一个区域是指家庭/家族成员；第二个区域是企业的出资人；第三个区域是企业的全部雇员；第四个区域是家族成员但不是公司雇员（仅持有公司股权而不参与公司管理）；第五个区域是非家族成员的出资人，参与企业管理；第六个区域是参与企业管理的家族成员（仅参与公司管理，不持有公司股权）；第七个区域是拥有股权同时参与企业管理的家族成员（既持有股权，又有管理权）。三环模式明确了家族企业中家族成员或组织的职责和权利的界限。七个区域中有四个区域都与家族因素相关，所以，家族涉入是家族企业独一无二的特征。Chua 等（1999）认为家族涉入包括家族所有、家族管理和治理等方面。随后，Habbershon 和 Williiams（1999）率先将资源观的理论研究框架引入到家族企业研究中，认为家族企业中具有一种来自家族涉入与家族成员间互动的、独特的和协同的资源与能力。在此基础上，Chrisman 等（2005）用涉入法和本质法两大类别来界定家族企业。Chrisman 等（2012）进一步发现，家族本质其实是家族涉入和以家族为中心的非经济目标之间的部分中介。学者在整理家族企业文献时发现，家族涉入其实是一个多维的概念，主要标准包括所有权、治理、管理和跨代家族涉入。但文献对这些因素比例的确定及是否需要包括全部要素，并没有达成一致的标准。家族企业到底如何定义，如何避免二分法将企业定义为家族企业和非家族企业，对研究问题至关重要。由于家族企业具有异质性（Heterogeneity），家族企业与非家族企业的二分法隐藏了家族企业的涉入程度及类型（Chrisman 等，1998），所以，学者开始用家族涉入程度研究家族企业，能更好地体现家族企业的异质性。目前，学者测量家族涉入的指标包括家族所有权比例、家族成员参与管理及家族控制持续时间（Chrisman 等，2012）。

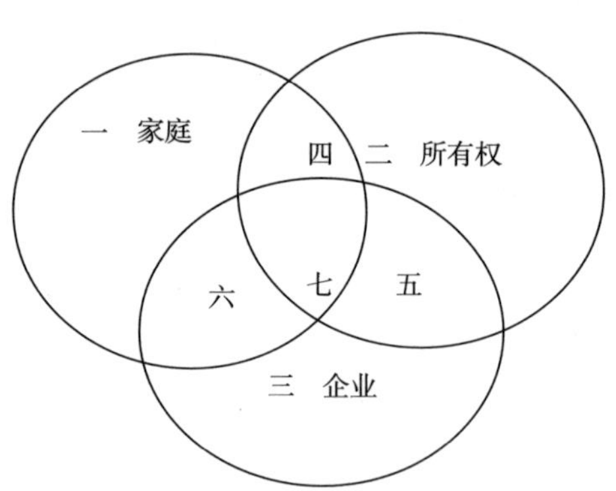

图 1－2 家族企业三环模式

四、慈善捐赠

（一）慈善捐赠的概念

如何理解慈善捐赠，国外有关慈善捐赠的单词主要有“Philanthropy”“Giv-

ing”“Contribution”“Charity”“Donation”“Charitable Giving”，它们都有捐赠、慈善或赠予的意思。不同的学者对慈善捐赠都下过定义，总结如表 1－3 所示。

表 1－3 企业慈善捐赠的概念界定

文献	观点
财务会计标准委员会（1993）	企业将现金等其他资产自愿地、无条件地转移给另外一个实体的行为
《关于企业对外捐赠财务管理的通知》（2003）	慈善捐赠是指企业自愿无偿将其有权处分的合法财产赠送给合法的受赠人用于与生产经营活动没有直接关系的公益事业的行为，包括公益性捐赠、救济性捐赠以及其他捐赠
陈瑞霞（2006）	社会成员在主动自愿基础上对需要帮助的群体进行的无偿救助行为
钟宏武（2007）	企业自愿无偿将财物赠送给与其没有直接利益关系的受赠者用于慈善公益事业的行为
田利华和陈晓东（2007）	企业慈善捐赠是指企业出于慈爱之心，通过无偿捐献或赠送其有权处分的合法财产给合法且没有直接利益关系的受赠对象，达到帮助受赠对象的目的

资料来源：笔者根据相关资料整理。

综上所述，企业慈善捐赠是一种社会行为，与企业社会责任紧密联系，是企业将一定的实物或资金捐赠给另一个实体的行为。从以上定义可知，企业慈善捐赠有五个显著特征：第一，合法性，企业拥有企业慈善捐赠标的物的所有权，应该没有法律上的争议；第二，自愿性，企业慈善捐赠是企业的一种自愿行为；第三，无偿性，企业慈善捐赠是无条件的，捐赠者与受捐赠者不是价值交换行为，而是无明显直接利益交换关系；第四，客观公益性，企业慈善捐赠是为了社会公益事业；第五，间接性，企业慈善捐赠一般是委托给慈善机构进行处理的，慈善机构根据企业的意愿管理所捐赠的标的物，并接受企业和社会公众的监督。

（二）国内外慈善捐赠的发展

国外慈善捐赠的历史悠久，追溯到中世纪，欧洲教会从那时起就开始资助穷人，投资教育。在 19 世纪末期，欧洲的工业文明推动了企业慈善捐赠事业的发展。到了 20 世纪，慈善捐赠获得了实质性的进展，西方国家创立了企业基金会，如洛克菲勒基金会、卡耐基基金会等。此后，全球的企业家、富豪们开始效仿美国建立慈善基金会这种创新模式发展慈善事业（杨团，2004）。在亚洲的慈善事业中，不少企业家也发挥着重要作用。菲律宾的GMA网络公司董事长和CEO以其家族的名义创立了慈善基金会。中国香港的富豪李兆基创立了李兆基基金会。2010年9月，盖茨基金会举办新闻发布会，在发布会上，比尔·盖茨表示，将自己财产的大部分捐赠给慈善事业，沃伦·巴菲特承诺将99%的个人财富用于慈善事业。他们的举动推动了全球慈善捐赠事业的进一步发展。到20世纪70年代后，学者提出了企业公民概念，并逐渐得到学术界和实践界的认可。企业慈善捐赠在未来的企业战略发展中必将被广为关注。

在中国，慈善思想和慈善行为源远流长。儒家思想中蕴含着“仁爱思想”“诚信观”等慈善内涵。在传统伦理道德的哺育下，中国古代乐善好施、扶困济危的商人不胜枚举。春秋时期的范蠡乐善好施，明清时期的徽商、晋商等以济贫助弱、好善而尚义，自觉投入到慈善捐赠活动中。近代中国深受帝国主义列强压迫，民族企业家积极投入到实业救国的浪潮中，如荣宗敬和荣德生的荣氏家族企业，以“为国塞漏卮，为民添衣食”为办厂宗旨。南洋兄弟烟草公司的创始人简玉阶也表示“实业救国”。从上述家族企业慈善捐赠历史演变来看，中国家族企业原本不是一个缺乏社会责任感的组织，其社会责任的意识和行为受到中国传统文化的影响。回顾中国企业慈善捐赠历史可知，近代之前的慈善捐赠主要以民间组织为主，这是现代慈善捐赠机构的雏形。自改革开放以来，伴随着企业实力的日益增强和市场经济的蓬勃发展，民营企业逐渐成为了中国慈善事业的主力军，从图1－3可以看出，民营企业慈善捐赠数额明显高于国有企业慈善捐赠数额。

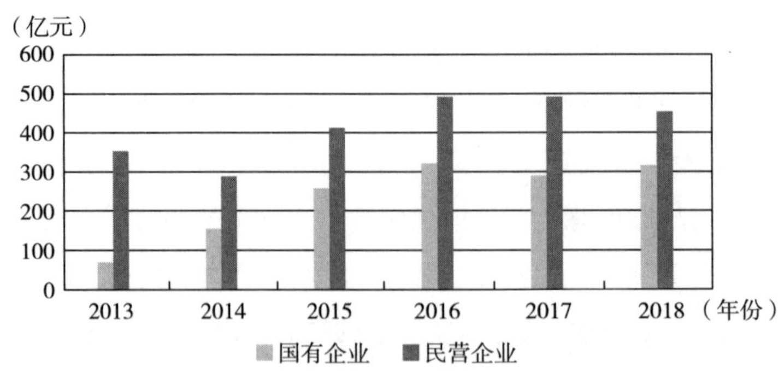

图1－3　2013～2018年国有企业和民营企业慈善捐赠情况

（三）慈善捐赠的研究

随着企业慈善捐赠行为的快速发展，学术界开始关注企业慈善捐赠领域，近年来相关文献越来越多。笔者以"Corporate Charitable Giving or Corporate Philanthropy or Corporate Social Responsibility"为关键词在 Web of Science 数据库里进行检索，发现从 2008 年起期刊中关注企业慈善捐赠的文献开始增多，图 1 –4 显示了截止到 2015 年 12 月国际期刊上发表的慈善捐赠及相关主题的文献数。从图 1 –4 中可以看出，近些年该领域的研究热度剧增，2011 ~2015 年，每年在 SSCI 收录的重要期刊中关于慈善捐赠的文献均发表了 700 多篇。

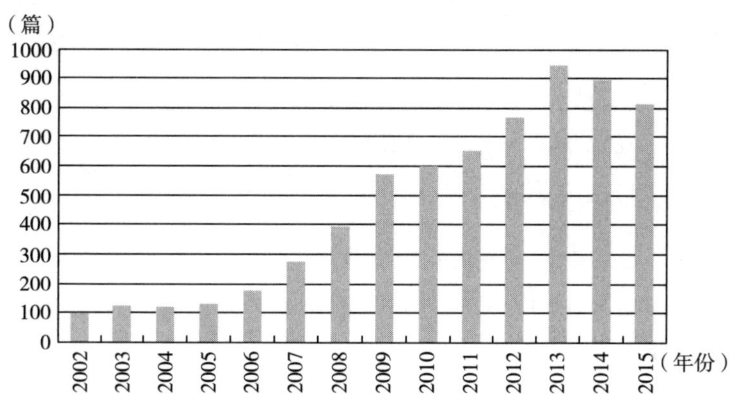

图 1 –4 2002 ~2015 年国际期刊上发表的慈善捐赠及相关主题文献数

五、跨代创业

（一）跨代创业的兴起

跨代创业理论的形成最初源于学者早期对具有创业精神的家族的关注，这些家族通过创业的形式和战略革新方式实现"跨代际、持续地创造财富"（Habbershon 等，2002）。以往学者曾把家族、家族企业、创业单独进行研究，近年来，随着学者越来越关注家族企业的各方面，种种迹象表明家族、家族企业和创业之间是相互关联的。有研究表明，创业是家族企业的基础（Chua 等，2009；Bettinelli 等，2014），而家族是"助燃创业之火的氧气"（Rogoff 等，2003），也就是说，家族为家族创业提供支持，家族创业又促使家族企业焕发新的生机与活力，从而实现可持续发展和基业长青。家族创业在家族企业发展中的重要作用也愈发凸显出来，因此，跨代创业也被作为一个新兴的研究领域，越来越受到学术界的普遍关注。

（二）跨代创业的界定

因为跨代创业研究是一个新兴的研究领域，至今没有一个可以被认可的概念，为了更清晰地认识跨代创业，学者纷纷在研究的基础上给出了跨代创业的解释。如 Bettinelli 等（2014）根据跨代创业的动因认为，跨代创业是研究家族、家族成员和家族企业的创业行为研究领域；齐齐等（2017）借鉴 Uhlaner 等（2012）和 Bettinelli 等（2014）的研究成果将跨代创业进一步定义为“关注家族、家族成员和家族企业的创业行为、目标及动机的研究领域”等。Nordqvist 等（2010）从传承的角度认为代际创业是在特定的制度环境下，家族后代重组和更新企业资源，打破路径依赖和原有的发展框架，创造机会来连续创业的行为模式，是维持家族企业长盛不衰的唯一途径。Naldi 等（2007）则在前人研究的基础上把跨代创业界定为家族企业通过创业精神的延续实现创造社会和经济财富的过程。本书采用郭超（2013）对家族跨代创业的界定认为，跨代转型创业是一种基于内生动力创业变革的过程，它是已经创办的家族企业由跨代发展引发的，其本质是代际变革和企业家精神的更替。

六、“隐形冠军”的概念

西蒙教授所提及的德国“隐形冠军”公司都有半个世纪甚至 100 多年的历史。它们商业成功的主导逻辑是长期生存。在德国，大多数“隐形冠军”企业都是世代相传的家族企业，有的传了几代人，有的甚至已经传了十几代。“隐形冠军”这个词由德国著名管理学家赫尔曼·西蒙在 1986 年首次提出。德国的经济力量并不是那些显赫的大企业，而是默默无闻的中小企业，在德国，大多数中小企业都是世代相传的家族企业，这些企业被称作“隐形冠军”。“隐形冠军”是指这样的企业：销售额不超过 50 亿欧元；并且在某个细分领域市场上品牌位于世界前三名，或者是领先的生产商；这些企业非常低调，社会公众基本不知道它们的存在，为了避免竞争对手知道它们，所以是“隐形”的。

第三节 研究目的和研究方法

一、研究目的

有效的家族企业代际传承是家族企业得以长期发展的前提，探究家族企业传承模式和路径有利于家族企业基业长青。家族企业传承研究有以下三个目的。

（一）揭示家族企业子承父业模式的合理性

成功传承是保证家业长青、企业持续发展的关键。家族企业的代际传承是一个受多因素影响的多阶段演进过程。在阐述了家族企业代际传承的重要性的基础上，从宏观因素、中观因素和微观因素等多种因素揭示家族企业子承父业的合理性。

（二）厘清家族企业慈善传承和跨代创业传承的影响因素

通过对不同股权制衡度和冗余资源的家族企业慈善捐赠的家族性动机进行分析，研究在不同类型的管制环境、规范环境以及认知环境下家族性涉入和慈善捐赠的关系，进一步探析家族慈善捐赠对代际传承的影响；在社会情感财富和家族文化视角下，探析家族性资源在传承过程中的跨代创业分析。

（三）家族企业传承模式的未来趋势

家族企业代际传承不仅是领导权的传递，成功的代际传承意味着众多家族核心要素的保留和传递，需要将家族传承、家族慈善、跨代创业等内容结合，融入家族文化和价值观，家族企业才能基业长青，最终成为该领域的“隐形冠军”。

二、研究方法

本书综合运用了规范分析和实证研究相结合的方法。资料来源主要是学术性文献、传记与媒体报道、国泰安数据库等。概括来讲，研究方法主要包括文献研究、实证研究和统计分析。

（一）文献研究

在明确了研究领域后，本书首先广泛收集、整理与家族企业代际传承、慈善捐赠和家族创业相关的中英文文献，主要对国外一流的影响因子在 2.5 以上的经济管理学期刊（比如 Journal of Management Studies（JMS），Journal of Business Venturing（JBV），Family Business Review（FBR），Entrepreneurship Theory and Practice（ETP），Administrative Science Quarterly（ASQ）等）中与这些领域直接或者间接相关的文献进行精读和提炼。同时，也关注国内发表这些领域的文章较多的期刊，比如《科研管理》《管理世界》《外国经济与管理》《经济研究》等权威期刊。笔者长时间对国内外权威期刊的文献进行追踪阅读，了解了家族企业研究的基本主题、理论基础及最新研究趋势，也掌握了企业慈善捐赠、跨代创业等主要理论和研究进展，为揭示家族企业代际传承的关键影响因素奠定了理论基础，进而得出本书的基本理论框架。

（二）实证研究

实证研究是目前经济学和管理学研究中普遍采用的定量化研究方法，主要运用规范研究方法对主要研究内容在理论上做出清晰界定，在对前人研究成果进行总结的基础上，概括出一些基本的研究假设，然后再根据已有研究成果和研究假设进行逻辑演绎提出理论模型，在此基础上进行研究设计，确定研究对象、收集相关数据和资料，进行统计分析，最后实证检验研究假设和论证理论模型中变量之间的关系。

本书采用的数据主要是沪深两市上市公司年报披露的二手数据，来源于国泰安数据库、锐思金融数据库和万得数据库。在技术方法上，本书将采用 Stata15.0 统计软件对二手数据进行分析，以期验证研究假设和理论模型的有效性。

（三）统计分析

本书主要运用 Excel 2010 对原始数据进行汇总和整理，之后用 Stata15.0 计量软件对数据进行处理和分析。在检验理论假设时，主要采用变量描述性统计分析、变量间相关分析、多元回归等分析方法。由于样本的选择性偏差问题、解释变量和被解释变量的相互作用会产生内生性问题，通常采用的最小二乘法得到的估计系数可能是有偏的，因此，本书采用被解释变量滞后一期的方法解决可能产生的内生性问题。

第四节 研究思路和内容安排

一、研究思路

本书首先围绕家族企业代际传承模式主题进行研究，结合家族性资源与代际传承的关系，在资源观视角下，研究家族性资源在传承模式中如何发挥作用。揭示家族企业子承父业的合理性、优势和劣势等，明确家族性资源与家族企业代际传承之间的关系，进一步探析家族性资源在代际传承过程中的作用；其次基于家族性视角、社会情感财富理论框架和制度理论，研究家族性慈善捐赠与代际传承如何结合。揭示在不同股权制衡度和冗余资源的家族企业慈善捐赠的家族性动机，研究在不同类型外部环境的管制环境、规范环境以及认知环境下家族性涉入和慈善捐赠的关系，进一步探析宏观制度环境对家族企业慈善捐赠的影响，深入分析家族慈善在代际传承中的重要作用；最后探讨家族企业代际传承模式的新发展趋势，跨代创业是一种战略变革行为，它在家族企业代际传承过程中对企业经营绩效会产生什么影响？纵观家族企业实践可知，代际传承有利于推动继承人的转型创业活动，而转型创业活动也必然会影响家族企业的代际传承。家族跨代创业与代际传承如何结合？在社会情感财富和家族文化视角下，对家族性资源在传承过程中的跨代创业进行分析，在此基础上提出家族企业传承基业长青的方式是成长为“隐形冠军”企业的思路。

二、内容安排

第一章，绪论。首先针对家族企业代际传承和转型期间，如何实现家族企业基业长青，探讨家族企业的传承模式，提出本书的研究意义和价值，概括出所要解决的具体问题；其次对家族企业、家族性资源、慈善捐赠、跨代创业和隐形冠军等相关概念进行清晰解释，明确本书的核心概念；再次确定研究目的和研究方法；最后阐述研究的思路和内容设计。

第二章，相关理论及文献综述。首先论述家族企业、企业慈善捐赠及跨代创业行为研究发展和趋势；其次对研究主题中的相关理论进行汇总，并进一步剖析家族企业传承模式的家族性影响因素；最后对现有文献进行简要评价。

第三章，家族企业代际传承模式比较。首先对家族企业代际传承模式进行分析；其次阐述家族企业代际传承模式家族性影响因素，进一步运用博弈模型分析家族企业家族性代际传承模式的合理性；最后总结家族企业子承父业模式的机理。

第四章，家族企业子承父业模式优势分析。从家族性资源对子承父业的影响出发，运用资源观理论，挖掘家族性资源中“特殊性家族性”的独特优势，通过实证研究，总结子承父业模式优势。

第五章，家族企业子承父业模式劣势分析。家族中普遍存在的利他主义纳入家族企业研究的基本假设框架，家族企业的逆向选择问题、家族成员的逃避责任行为、子女对父母的过度依赖等，都是家族企业“束缚性家族性”的弊端，分析了“束缚性家族性”对家族企业的影响。

第六章，家族企业子承父业家族涉入与慈善捐赠关系框架。首先分析家族企业慈善传承研究背景，从社会责任角度分析家族企业慈善捐赠家族意愿、行为方式及社会反应等内容；其次明确家族企业慈善传承的目的和意义；最后厘清家族企业慈善传承模式思路。

第七章，家族企业子承父业家族涉入与慈善捐赠前置因素。通过论述家族企业慈善传承模式影响因素及家族意愿、行为方式等内容，进一步分析家族企业慈善传承实证结果，总结家族企业慈善传承模式。

第八章，家族企业慈善捐赠的效果评价。首先分析家族企业慈善捐赠对企业绩效的影响；其次是家族企业慈善效果评价实证研究；最后总结家族企业慈善传承效果和社会反应相关内容。

第九章，家族企业跨代创业传承模式探讨。首先论述跨代创业视角下家族企业传承研究背景和意义；其次是跨代创业家族传承的研究思路探讨；最后总结跨代创业视角下家族企业传承的影响因素。

第十章，家族企业基业长青模式——“隐形冠军”。首先分析家族企业代际传承与“隐形冠军”的关系；其次剖析家族企业发展成为“隐形冠军”缺乏的条件，分析家族企业发展成为“隐形冠军”的路径选择；最后总结家族企业发展成为“隐形冠军”的对策建议。

第二章　相关理论及文献综述

第一节　家族企业代际传承模型

本章主要综述相关研究主题的文献，通过汇总、梳理和总结现有研究内容，有利于清晰了解相关领域的研究脉络和发展趋势，进而找到现有研究的空白之处，为本书的研究找到新的突破口。

一、家族企业代际传承的概念

家族企业的代际传承是一个多维现象，传承意味着一系列核心要素的留存和转移。Barney（1991）最早基于资源观的视角提出企业竞争优势主要来源于企业所特有的一些资源。Habbershon 等（1999）将家族企业中的独特资源称为“家族性”（Familiness）因素，主要指家族企业中家族、家族成员和企业之间的系统相互作用所产生的资源约束和能力，即家族企业的代际传承、核心资源、准则、态势和价值观等会影响创业机会识别，创业决策，核心资源调配，创业战略、流程和结构的实施，家族性在家族创业输入输出过程中是非常重要的变量。目前对于家族性资源传承的研究主要集中在资源要素、传承阶段、传承方式三个方面。

（一）家族企业核心资源要素

家族企业成功传承是一个需要关注次序、时机、交接技巧和沟通水平四个关键因素的过程，需要完成专业知识、管理理念、企业家特质及家族企业精神向下一代的传递（Lambrecht，2005）。家族企业成功传承应该基于长期互动以促使那些难以交易和模仿的隐性知识或缄默资源顺利传递，家族企业成功传承的隐性知识包括诚信好学、创业精神和个体社会网络等（余向前等，2013）。继承是一个持续的社会化过程，在这个过程中包括了正式的所有权和知识以及其他创业能力，如社会网络关系，学习创新、政府关系和资源整合等胜任能力，从上一代持续传承到新一代。学者基于社会学、管理学的角度指出家族企业跨代传承的实质就是家族性资源要素的代际传递（陈文婷，2012；李新春等，2016），对家族性资源的研究更多侧重于对使命、价值观（郭超，2013）以及企业家精神（陈文婷，2012）等要素的研究。

（二）家族企业传承阶段

Churchill 和 Hatten（1987）最早将父子个人生命周期和企业生产运营发展联系起来，并将家族企业的传承过程分为所有者管理阶段、二代子女培养和发展合伙阶段、父子两代合伙阶段、权力传递阶段。Handler（1990）认为代际传承是创始人和家族下一代角色不断调整的过程，是创始人的参与程度与领导权威不断淡化的过程，在这一过程中下一代家族成员将逐渐成为企业的主导。Gersick 等（1997）构建了家族企业的三极发展模型，将家族或家庭、企业的生命发展周期与家族企业所有权结构变迁有机联系起来。汪祥耀（2015）则将代际传承划分为二代参与管理、一代二代共治和二代接收管理三个阶段。窦军生等（2005）依据制定的传承计划实施进展将代际传承过程划分为四个阶段：制定传承计划、甄选继承人、培养继承人、实施传承。严昊（2003）阐述了代际传承过程中管理权的转移过程，表明在接班过程中二代继任者会依次担任公司股东、董事、总经理、董事长兼任总经理和董事长四个角色。由此可见，学者对代际传承阶段的不同划分表明，家族企业传承是一个复杂且多阶段的演进过程，对不同阶段存在的问题进行识别和有效管理有利于为家族企业顺利传承提供有利指导。

（三）家族企业传承方式

在传承方式上，以控制权移交过程为对象形成了有关家族企业“怎么传”的研究线索，一些研究关注以股权为表征的所有权传承，另一些重点研究经营权的传承，还有一些研究则同时考察股权和经营权。目前我国家族企业的传承方式主要有三种：子承父业模式、内部提升模式和职业经理人模式。子承父业是中国家族企业主流的传承方式，这主要受中国家族文化的影响，子承父业的家族企业更容易形成有效的决策（陈凌等，2003；储小平，2002）。近年来，中国家族企业陆续进入接班高峰，第一代成功的家族企业家正在悄然地功成身退，一些在国内外享有盛名的家族企业已开始将经营重任传到第二代手中，例如万向、横店、华西、广厦、红豆等，而且这些企业的继任者绝大部分是第一代创业者的儿子。

通过对以上家族企业传承方面的文献进行梳理，可以看出家族企业传承的研究已经由原来单一理解成职位和管理权的交接逐步转变为研究传承中的多个关键环节影响的动态演变过程，由概括和梳理传承要素转变为包括各种情境因素的多阶段模型，这体现了传承研究不断的发展趋势，象征着该家族企业研究领域的蓬勃发展。这会使得家族企业的传承研究逐渐变得更加饱满与充实。企业的传承顺利与否关系到整个企业是否能够延续性成长，所以关注企业的传承发展对民营家族企业有着非常关键的意义。

二、家族企业代际传承的模型

（一）Churchill 和 Hatten 基于父子生命周期的四阶段传承模型

Churchill 和 Hatten（1987）对家族企业的传承持一种“锚定”观点，他们认为家族企业所有权和控制权的传递是被一种纯粹的自然生物力量所驱动，而不是被市场规律所驱动。基于父子两代的生命周期，将家族企业的代际传承过程划分为四个不同的阶段，如图 2－1 所示。具体阶段为：第一，所有者管理阶段。在这一阶段中主要是创始人独自创业而形成的企业。在此期间，创始人也是直接参与企业生产运营的唯一家族成员。第二，二代子女的培养和发展阶段。在这一阶段中，创始人的二代子女不断学习企业管理知识，并开始到家族企业中做兼职员工或假期工。第三，父子合作共治阶段。这时创始人的二代子女已经具备了足够的企业管理能力，已经承担企业的管理责任，并参与到企业的部分决策中。第四，权力传递阶段。该阶段主要包括父子合作的后期，创始人已开始退出家族企业，同时可能还会伴随着所有权的传递。

（二）Handler 的四阶段角色调整模型

Handler（1990）通过对 32 家家族企业中家族后代成员的深度访谈，提出了一个有关家族企业代际传承过程的定性分析模型。将家族企业的代际传承理解为一个创始人与家族后代成员的角色调整（Role Adjustment）的过程，该调整过程

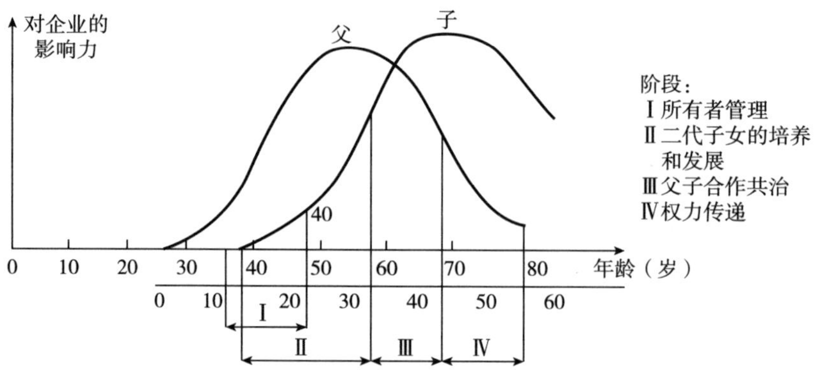

图 2－1　基于父子生命周期的四阶段传承模型

实际上就是创始人逐渐退出企业的决策和其领导权威淡化的过程。这个角色的调整演化对家族企业的有效传承是非常重要的，并进而将这个过程分为四个阶段，如图 2－2 所示。

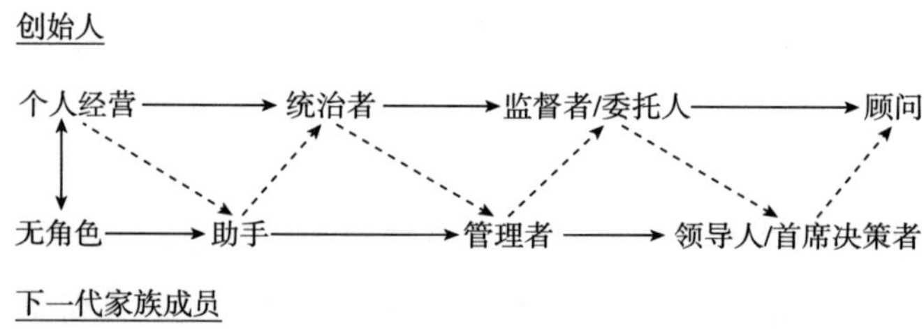

图 2－2　家族企业传承的四阶段角色调整模型

第一阶段，创始人会更多地关注企业的启动问题，比如争取顾客、交付产品等，因而传承计划与企业的即期需求有时会不协调。此时，创始人是企业的核心人物，只有一个家族成员在企业中。第二阶段，企业进入生存期，创始人此时关注的焦点是企业的生存能力，仍然无暇顾及到企业的传承问题，传承计划仍被视为未来的目标。在这个阶段，家族后代成员已经在企业任职，并充当创始人助手的角色，但他们在家族企业中的地位和决策都很有限。虽然他们已经掌握了家族企业的部分运营和管理技巧，但只发挥一定的作用，在 Handler 的访谈过程中，

家族企业后代成员 50% 的被访者表达了自己不受重视，对自己在家族企业的地位和作用不满。

角色调整的最后两个阶段对企业的有效传承是至关重要的。在这两个阶段中，创始人开始重视家族后代的作用，也开始考虑制定家族传承计划。创始人在家族企业中权威主导的角色明显淡化，他们关注的焦点也逐步转向企业外部和决策方面，主要包括企业筹融资、快速成长领域、长期战略决策等。与此同时，家族后代成员逐渐成为企业的权威领导者，而创始人此时主要起到辅助作用，通常采用参与董事会的方式来扮演监督者或顾问的角色。此外，在最后关键阶段就是管理权和所有权的正式转移。Handler 通过访谈发现，家族后代成员普遍认为，只有家族股权的真正转移才能表明家族企业传承的彻底完成。因此，股权的转移过程也是非常缓慢的，创始人一般会谨慎考虑，在他们认为适时的时间才会完成。

（三）Gersick 等的家族企业所有权传承六阶段模型

美国著名的家族企业研究专家 Gersick 与其同事于 1997 年提出了著名的家族企业三环模型。该模型是一个由家庭或家族、企业和所有权三个独立而又相互交叉的子系统组成的三环交互系统。然而，家族企业所面临的大多数问题都是动态变化的。正是考虑到这一问题，Gersick 等（1999）又提出了家族企业的三级发展模型，该模型深刻地揭示了家庭或家族、企业的生命周期与企业所有权结构变迁之间的相互关系，如图 2－3 所示。

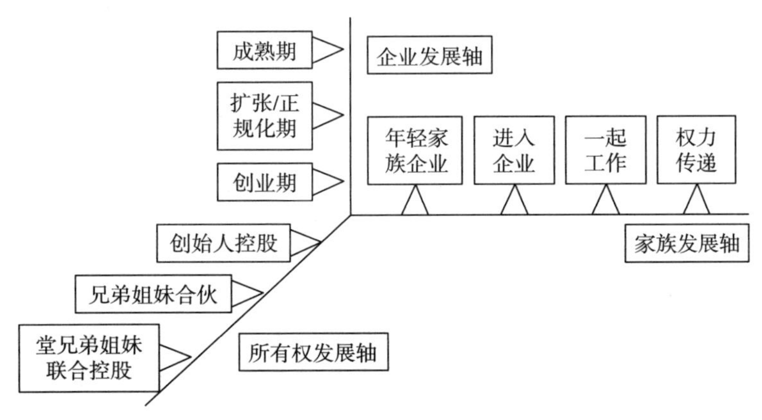

图 2－3 家族企业三级发展模型

在此分析的基础上，学者又进一步将家族企业所有权的传承过程分为了六个阶段，如图2－4所示。具体阶段为：第一，发展压力的不断积累。在这个阶段中家族和企业两个子系统的发展压力会促成所有权结构变革的要求和准备。第二，触发。当发展压力积累到一定程度时，还需要有关键的触发事件来引发变革。触发事件可以是时间警报（如年龄原因），也可以是某个事件（如健康原因）。第三，脱离（Disengaging）。他们认为，家族企业所有权传承的关键问题是要明确原有家族企业的所有权结构的时代即将终结，必须要开始实施新型结构。第四，探索选择备选方案。这是传承过程的重要环节，它具体要包括考虑新型所有权结构的不同选择形式以及根据意愿和能力对各备选方案的可行性进行分析。第五，选择。从可供选择的备选方案中选择一种新型所有权结构。第六，实施新结构。家族企业实施新结构并不意味着传承的完成，还需要对选择的方案进行相应的反馈。这需要调整关键岗位的领导与其配合，从而对系统和个体提供必要的帮助和支持，以确保新结构或程序能够健康运行下去。

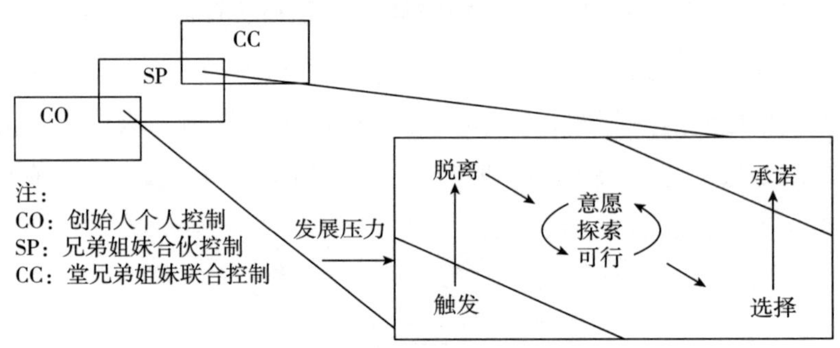

图2－4　家族企业所有权传承六阶段模型

（四）Murray的传承周期模型

在Gersick等（1999）的家族企业所有权传承六阶段模型的基础上，Murray（2003）通过对家族企业多案例的纵向对比研究，提出了家族企业传承周期模型，如图2－5所示。研究认为家族企业的代际传承是一个包含多阶段的过程，所有过程需要持续5～10年。在每个阶段家族企业都有特定的任务，为了更好地适应所有权和领导权的转变。总结整理不同阶段及其所需完成的关键任务分别为：第一，整个家族企业系统为传承做好前期准备。第二，分析关键触发事件引发代际

传承。第三，处于休眠阶段。第四，进入探索阶段。在6~18个月的休眠状态过后，家族企业系统会进入探索阶段。在这个阶段，主要需要搜集相关资料，并从家族企业自身角度对企业代际传承的实施情况进行详细分析，思考下一步如何实施。第五，结束对触发事件的探索。第六，实施选择。经过2~5年的探索期，家族企业系统会最终进入战略调整（从控制所有权转变为兄弟姐妹合伙控股模式）的选择，并通过适当的途径来实施选择。

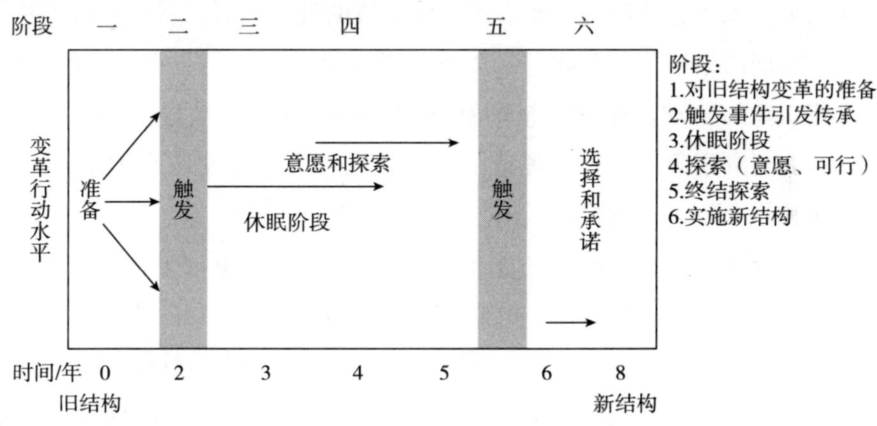

图2-5　家族企业传承周期模型

（五）Longenecker和Schoen传承七阶段模型

Longenecker和Schoen（1978）在生命周期的基础上细分了家族企业传承的阶段，将其划分为七个阶段：继承前、入门、入门一开始发挥作用、发挥作用、发挥重要作用、继承早期、正式继承，如图2-6所示。

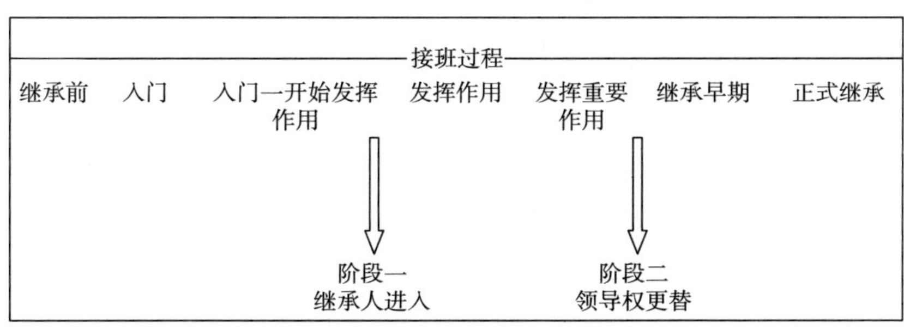

图2-6　家族企业传承七阶段模型

第二节 家族企业代际传承相关理论

一、社会情感财富理论

长期以来，家族企业研究主要借用其他领域的理论展开，从而导致理论解释出现矛盾、实证结果不一致等问题（Berrone 等，2012）。委托—代理理论能很好地解释家族企业的管理者堑壕（Managerial Entrenchment）效应，却无法解释家族管理者的低薪酬现象；而管家理论基于其假设可以解释家族 CEO 的低薪酬问题，却无法解释家族 CEO 的任期等相关问题。针对这些问题，家族企业研究者呼吁发展一个家族企业特有的或符合家族企业情境的理论框架来解释家族企业的行为决策问题。基于此，Gomez - Mejia 等（2007）有了重大突破，提出了社会情感财富（Socio - Emotional Wealth，SEW）框架。社会情感财富（SEW）理论较好地解释了现有理论无法解决的矛盾问题。甚至一些学者认为 SEW 是家族企业与非家族企业区别的唯一显著特征（Gomez - Mejia 等，2011）。随后，研究者大量运用该理论框架解释家族企业的相关议题（Gomez - Mejia 等，2011；Berrone 等，2012；Zellweger 等，2012）。

（一）社会情感财富（SEW）的起源

社会情感财富（SEW）理论是在行为代理模型（Behavioral Agency Model，BAM）的基础上发展起来的。BAM 认为行为决策者的风险偏好根据实际情境的变化而变化，结合 Gomez - Mejia 等（2011）的研究，行为代理模型是以“损失厌恶”（Loss Aversion）为主要参照点，依据企业具体情境，最终进行其行为决策。当社会情感财富（SEW）理论运用到家族企业这种特殊情境时，家族企业的决策参照点是什么呢？Gomez - Mejia 等（2007）认为，家族决策者以保护家族社会情感财富为核心，因为社会情感财富是家族企业的情感和文化的关键，为保护社会情感财富，家族决策者愿意承担经济效益方面的损失风险。Gomez - Mejia 等（2007）对西班牙家族企业和非家族企业橄榄油厂是否加入合作社进行了大规模的调查，发现家族控制橄榄油厂为保护家族情感财富而拒绝加入合作

社，在经济利益和家族社会情感财富两者之间，家族企业会首先选择保护家族社会情感财富。因此，社会情感财富（SEW）理论为家族企业研究提供了一个全新视角，根据 Gomez - Mejia 等（2011）和 Berrone 等（2012）的观点，社会情感财富（SEW）理论会更全面地诠释家族企业的相关问题，比如，企业风险承担、战略选择、利益相关者以及企业社会责任等议题。

（二）社会情感财富（SEW）理论的应用

1. 家族企业风险承担

学者普遍认为，家族化管理在企业决策过程中会倾向于规避风险，可能的解释是，家族企业所有者把所拥有的大部分资产投资于家族企业，企业一旦发生意外，所有者的财富将遭遇损失（Mishra 等，1999）。虽然这个观点在财务会计领域很普遍，但是经验证据与理论并不一致。而 SEW 模型认为，家族管理者或所有者在决策时可能是风险偏好也可能是风险规避的，最终以 SEW 损益为参照点，也就是说，当他们认为经营风险是可控时会倾向于风险偏好，因为此时潜在的家族社会情感财富是损失了。可是，家族决策者是以保全家族社会情感财富为目标的，会规避失败的风险，因此，只有当家族企业确实面临生存危机时，企业生存才会成为家族企业决策者的首要参照点。

社会情感财富（SEW）模型得到了实证支持。Gomez - Mejia 等（2007）运用西班牙 1237 家家族企业和 549 家非家族企业的 44 年的数据进行分析，得出结论：当家族控制的橄榄油厂在参加合作组织（取得更好的绩效）与保持独立性（面临更大的失败风险）之间选择时，大部分家族企业为保护家族社会情感财富而选择后者，而当销售明显下降时，家族控制企业才选择加入合作社。这个结果支持了社会情感财富（SEW）模型。Chrisman 等（2012）认为，当家族企业绩效达到或超过预期水平时，企业会降低研发投入，而当企业绩效下降时，家族企业才会增加研发投入，这一研究结论印证了社会情感财富（SEW）模型的预测。

2. 家族企业战略选择

战略学者普遍认为，家族企业倾向于多元化和国际化战略，以此来降低企业风险，但是大多数家族企业很少进行多元化和国际化战略。Anderson 和 Reeb（2003）用标准普尔工业企业的数据进行实证，发现家族涉入（所有权）与企业多元化负相关，最后他们却没有给出合理的理论解释。Gomez - Mejia 等（2010）

运用家族企业和非家族企业的数据进行实证研究，得出的结论与 Anderson 和 Reeb（2003）的结论是一致的，即家族企业很少进行多元化战略。Gomez - Mejia 等（2010）用社会情感财富（SEW）框架对得到的结论进行诠释。首先，企业的多元化和国际化战略要有外部资金支持，外部资金的来源可以通过债券融资和股票融资方式获得，而这两种融资方式都需要对资金使用进行监管，这将会削弱家族企业决策者的自由裁量权和权威；其次，企业进行多元化和国际化战略需要具有全球化视野的专业化人才，家族内管理者虽然具有一定的专业管理能力，但未必是具有全球观的人才，需要聘用职业经理人接管公司，但这样会增加信息不对称，造成家族管理者与非家族管理者的利益冲突，降低家族社会情感财富；最后，如果企业采用多元化战略，企业的产品会多样化或进入新市场，国际化战略会增加企业的国外利益相关者、机构投资者，这样就需要家族企业依靠家族外的人力资源市场和资金市场，可能会改变家族企业的组织形式，那么，家族成员利益会受到影响，因而会在企业决策时制造各种阻力影响决策者实行多元化和国际化战略。多元化和国际化战略都可能导致家族企业社会情感财富的损失。

3. 家族企业代理合约

前人研究表明，家族管理者和非家族管理者在代理合约方面的差异，进一步证实了保护家族社会情感财富的重要作用。Gomez - Mejia 等（2001）通过对西班牙报业家族企业的调查发现，家族成员出任编辑的任期通常比非家族成员出任编辑的任期长，而且当企业绩效不佳时，家族决策者会解雇非家族成员出任的编辑，家族成员出任的编辑通常会因特殊关系而不承担责任，即“管理者堑壕”效应。代理合约保护家族成员出任的编辑，因为家族情感因素保护家族成员，从而导致了糟糕的企业绩效。

基于 SEW 的研究能够清楚阐述家族企业代理合约的本质。Berrone 等（2012）认为，家族管理者的薪酬通常低于非家族管理者。他们将代理合约分为控制合约（Controlling Contracts）和关爱合约（Caring Contracts）。Berrone 等（2012）调查发现，在家族企业中，所有者和管理者属于同一家族时，代理合约会考虑管理者的利益，这就证实了家族保护社会情感财富的意愿。由于家族管理者能够获得职位和心理上的安全（Gimeno 等，1997），因此，他们更愿意接受较低的薪酬。

4. 家族企业的利益相关者关系

一般来说，家族企业的利益相关者有两大类：一类是与家族关系密切的关键利益相关者，他们被称为内部利益相关者，如家族成员、家庭联盟等，家族所有者与家族成员或家庭联盟互动和交流能获得更大的企业自由裁量权，在决策过程中实现自己的目标（Mitchell 等，1997）。已有研究更多地关注家族的内部利益相关者，Sharma 等（2003）分析了家族企业在代际传承过程中现任者和继任者之间的利益相关者关系。他们认为，在整个传承过程中，家族的利益相关者对成功传承的影响很大，因为这些关键的利益相关者与家族有着密切的关系，并且有强烈的主人翁意识，基于保护家族企业的社会情感财富视角分析，他们比家族外管理者更容易达成一致，为企业内部传承的成功奠定基础（Gomez - Mejia 等，2011）。

另一类是外部利益相关者。新的研究表明，外部利益相关者对家族企业社会情感财富保护也非常重要（Berrone 等，2012），解释如下：首先，形象和声誉不仅对公司重要，对家族也很重要，因此，家族企业很关注声誉，以期获得更多的合法性。为此，他们经常对外宣传以树立良好形象，以免被指责是缺乏"企业公民"意识的公司，正因如此，Zellweger 等（2012）指出，家族企业要更大范围地发展外部利益相关者，以树立家族企业的良好形象，保护家族财富。其次，家族企业要与外部利益相关者（如供应商和顾客）保持长期的合作关系，以积累社会资本和道德资本（Carney，2005）。在家族企业面临危机时，这些关系可以作为社会保险保护企业（Godfrey，2005）。最后，因为家族企业关注持续发展，重视能带来长期导向收益的因素，所以就要与外部利益相关者建立稳定合作关系，这对保护家族企业的社会情感财富非常有效。

5. 家族企业社会责任

对家族企业社会责任的相关研究并不是很多，已有研究显示，家族涉入（所有权）对企业社会绩效和道德行为有影响。学者普遍认为，家族企业往往比非家族企业更多地履行社会责任和表现出良好的社会公民形象（Berrone 等，2010；Dyer 等，2006）。如 Dyer 和 Whetten（2006）以标准普尔公司的数据进行研究，发现家族企业比非家族企业会更担心被贴上缺乏企业社会责任的标签，家族企业为保护家族成员的社会情感财富，有时会追求非经济目标，以提升家族企业的声誉和形象。Berrone 等（2010）的研究证实了控制性家族企业比非控制性家族企业更多、更频繁地采取环保策略，以此来提高企业形象。已有研究多数基于企业社会责任理论视角分析家族企业履行公民行为，但基于社会情感财富视角分析企业社会责任的较少，家族企业履行企业社会责任的主要驱动力是保护和增强家族成员的社会情感财富。

二、制度理论

关于制度环境对组织决策和行为的影响，形成了以 North 为代表的新制度经济学（New Institutional Economics）和以 Scott 为代表的组织制度主义（New Organizational Institutionalism）两大学派。新制度经济学开始于 20 世纪初期，其源于 Coase（1937）发表的论文《企业的性质》，而到 20 世纪 80 年代，即 North（1990）将制度界定为正式约束和非正式约束后，该理论才得到广泛关注。组织制度主义根植于社会学和组织理论，其关注的核心是组织形式和组织惯例，它比新制度经济学对制度的概念界定广泛，它认为制度是限定人们行为理所当然的规则，其来自于规制、规范和认知范畴内，规制制度对应于正式约束，规范和认知制度对应于非正式约束（Scott，1995）。

（一）基于经济学视角的制度理论：North（1990）的二分法制度理论

North（1990）在其著作《制度、制度变迁和经济绩效》（*Institution, Institutional Change and Economics Performance*）中指出，制度是约束组织行为的博弈规则。制度是由正式制度（法律法规、规章制度、经济合约）和非正式制度（文化、规范、价值观、信仰）共同构成的，如图 2－7 所示。

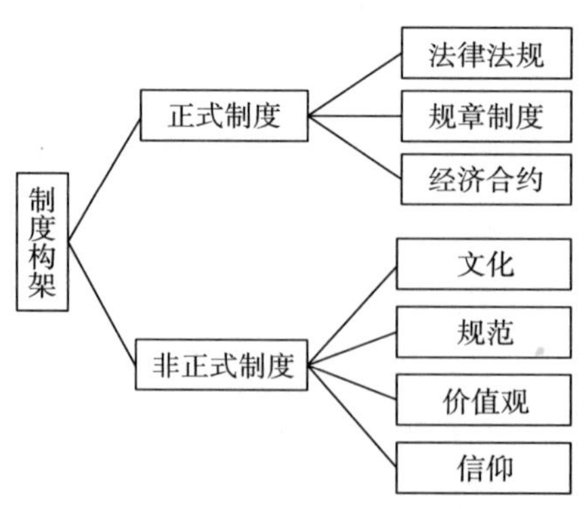

图 2－7 制度的二分法构架

North（1990）认为，制度环境是导致经济组织效率差异的主要决定性因素，制度与经济规则共同界定了选择范围，并确定了交易和生产成本，进而界定了从事经济活动的获利程度和可行性，其作用是在交易中构建次序，并降低不确定性。依据博弈论的观点，有效地执行新制定的制度有利于提高组织效率。就制度对企业的影响而言，在激烈的竞争背景下，制度和交易成本的研究主要是关注制度如何有效地解决经济组织中所出现的问题（Williamson，1985）。

North 指出，正式制度是由统治机构自上而下设计出来的强加于社会的制度。这里从三个方面研究正式制度对经济效率的影响：第一，基于正式制度的视角，讨论不同制度环境对市场效率的影响（La Porta 等，1999）；第二，基于交易成本理论视角，分析了在降低交易费用和如何克服市场不确定性上正式制度所发挥的作用；第三，基于代理理论的视角，讨论了不同制度如何影响公司治理效率。非正式制度对经济效率的影响也有三个方面：第一，探讨“弱”制度安排对跨国公司（Multi-national Enterprise，MNE）在当地从事商业经营行为倾向的影响；第二，探讨为降低转型经济体较高的交易成本，跨国公司（MNE）所采用的组织形式；第三，基于制度距离的视角，探讨跨国公司（MNE）在不同制度情境下投资决策的适应性（Xu 等，2002）。

（二）基于组织社会学视角的制度理论：Scott（1995）的三支柱制度理论

基于组织社会学视角的制度理论的核心思想是，组织嵌入在制度环境中，制度环境是组织行为决策的主要决定因素（DiMaggio 等，1993）。制度是符合合法性行为的社会规则和规范。Scott 进一步指出：“制度包括为社会生活提供稳定性和意义的规制性、规范性和文化认知性要素以及相关的活动与资源。”依据 Scott 的定义，制度可以划分为三大支柱，即规制支柱（Regulative Pillar）、规范支柱（Normative Pillar）与认知支柱（Cognitive Pillar）。

下面重点阐述组织社会学视角的制度理论和 Scott（1995）的三支柱制度理论。

1960 年以前，组织学主要以韦伯的理性化组织的理论模型为主，韦伯指出，一种“合法秩序”的出现过程，涉及有意识地制定那些支持“工具理性行动的理性规则系统”。后来，早期制度学派质疑韦伯的理性化组织的模式。制度学派的代表人物 Selznick（1996）认为，组织是一个制度化的机构受所处制度环境的影响，通过与外部制度环境不断调整而适应的产物，Selznick 进一步明确了制度化的意义。Selznick 指出，组织（Organization）是一种社会系统，其目标与程序往往达到一种确定的、充满了价值观的状态，即当一个组织长期被外在价值观和制度等影响时，这个过程就是制度化过程。制度学派已走出了韦伯的理性化组织模式，并为组织研究提供了一个全新的视角和理论。

制度学派在组织研究方面有较大突破的学者是 Meyer 和 Rowan，他们在 1977 年从宏观的角度分析了组织和技术、制度环境的关系。组织不仅是技术需要的载体，也是制度环境发展的载体。组织要遵从制度环境中“合法性”的要求。制度环境中合法性（Legitimacy）机制的核心是，法律、法规、文化和观念等已被公众普遍认可，它们会约束公众的日常行为。

新制度学派另两个重要的人物是 DiMaggio 和 Powell，他们在 1983 年发表的文章《再论铁牢：组织领域的制度趋同与集体理性》中创造性地提出了三种同构（Isomorphism）机制：强制性同构（Coercive Isomorphism）、模仿性同构（Mimetic Isomorphism）、规范性同构（Normative Isomorphism）。

（1）强制性同构。组织会受到外界影响它功能的社会文化的正式和非正式压力，这些压力有些是强制性的。比如，组织改变形式很可能是因为政府的法令条文。例如，厂商为了遵守环保政策而要采取新的技术，组织要聘请平权法案的官员来保障少数群体的权益等，这些制度化的规范要求需要组织在适当的时间内进行调整以适应制度环境。

（2）模仿性同构。当组织的目标不明确、技术缺乏时，所面临的市场环境就不确定，组织会模仿同行业中成功企业的做法，这就是模仿性同构。模仿机制是降低市场不确定性、控制风险的理想模式。大部分组织具有同质性就是源自于模仿机制。组织尤其是新成立的组织更倾向于模仿已有的组织的行为方式和组织结构，因为这样做使它更能获得成功和合法性。具体来说，模仿性同构有两种：竞争性模仿和制度性模仿。在不同的制度环境下，组织会采取不同的模仿方式。竞争性模仿是指组织会模仿在同一领域中优秀竞争对手的做法和经验。制度性模仿是指在某一共同领域内组织采用大家都普遍认可的模式或制度化形式，否则会受到同行的压力。

（3）规范性同构。社会规范是指社会诸成员共同的行为规则和标准。规范

来自于专业化，专业化是普遍的职业群体的工作方式和状态，这些控制着产品的生产者。社会规范被认为是制度理论中的核心要素（Scott，1987；Oliver，1997）。组织决策行为若违反这些社会规范，就会受到相应的惩罚，比如说，失去社会优势资源，受到同行业内成员歧视，经济利益受到损害。因此，规范性同构在企业运营的网络中约束着企业的行为，规范企业行为符合合法性的要求。

组织制度主义的制度理论比新制度经济学的制度理论的观点要广泛，因此，使制度的范围变得难以界定，不利于设计制度变量进行实证研究。Scott（1995）在已有制度理论研究的基础上，提出了著名的制度三大支柱系统理论模型，即规制制度、规范制度和认知制度，这三大基础要素构成一个整体，构成了一个从有意识到无意识、从合法强制到顺其自然的连续过程。

由此可知，制度的规制性层面很重要。规制制度的重要特征之一是特别强调明确、外在的各种管制过程——规则设置、监督和奖惩规定。规制制度的核心思想是组织受制度环境影响，法律、法规等权威和奖惩制度直接影响组织是否生存，因此，组织会为生存而与法律、法规的强制力和政府的权威等保持一致性。规制制度对于组织或组织决策者具有使能作用，制度具有既强制又使能社会行为的功能（Scott，1995）。因此，一个具有较强规制制度环境的地区或国家一般是具有规范的法律法制体系和良好的政治体制的。

制度主要依赖规范层面，规范制度强调的是，社会生活中的制度的说明性、评价性和义务性的因素属于社会义务的范畴。规范制度以共享的价值观和社会规范为基础，确定了社会所期望的行为（Scott，1995）。持有规范制度理念的学者强调社会信念和规范通过他人的内化和运用而具有稳定的作用，因此，制度带有很强烈的道德权威。在规范性和职业操守高的行业（如医疗、会计及证券等）中，规范的压力就很大。有时制度也可以是一种认证机构，凭借证书、资格认证等方式推广和扩散，使组织（处于同一制度环境）具有同构性（Isomorphism）。尽管资格认证不是通过国家法律等来强制实施的，但是在专业技术支配的领域，如医疗、会计等领域，缺乏相应资格认证的组织必然会受到社会各界的质疑，也可能因为不具备合格的要求，而不会获得某些项目资源的补助和资助。制度化模仿（Mimetic）通常只针对一定的行业，成熟的行业会为在其背景下的企业提供更多的模仿机会，因此，这些行业中的新创立企业必然会更多地学习和模仿行业中优秀企业的做法。

认知制度构成了关于社会实在性质的共同理解以及建构意义的认知框架，使我们理所当然地认为那些惯例是我们做这些事情的恰当方式。认知是外界环境刺激与个人机体反应的中介，是关于世界的、内在于个体的表象反映。认知、观念等因素会对组织决策者的行为产生压力，主要是因为认知制度是具有相同社会经验、受过相同教育的人们所共有的心理框架，因此，当组织面临观念和文化制度变化时，必须要顺应当地文化，进而获得当地政府和民众对它的认可，获得企业生存的合法性。

三、委托—代理理论

Wilson 最初于 1969 年提出代理理论的概念，随后 Jensen 和 Meckling 陆续对这一理论进行了改进与完善。委托—代理理论的提出是基于信息不对称以及两权分离的前提，主要涉及企业资源的提供者与资源的使用者之间的相互关系，其实是一种契约关系。委托—代理理论认为，当资源的提供者与使用者是一体时，企业的经营管理者就会为了自身的利益而努力工作，这时当然不会产生代理的问题。但是在企业两权（即所有权和经营权）分离的情况下，企业的所有者与经营管理者就会产生利益冲突，由于管理层掌握的信息资源往往多于所有者，他就会为了自身的利益而去损害所有者的利益。为此，Jensen 和 William（1976）将代理成本划分为三类：一是委托人的监督成本，即股东（委托人）通过多种手段监督管理者（代理人）的在职消费而产生的成本；二是代理人的守约成本，即管理者（代理人）为了获取股东（委托人）的信任而产生的自我约束成本；三是剩余损失，即两者目标利益冲突时产生的其他机会成本。

当家族（家庭）这一特殊的团体涉入到企业当中时，其产生的治理问题与传统代理理论所阐述的将会有较大差异，一方面，家族的涉入会导致家族企业成员身份的多重性和家族企业目标的多元化（周志强等，2013）；另一方面，家族企业独特的交易方式形成了企业间的网络治理模式。在家族企业内部，委托—代理关系主要分为两大类：第一大类是家族企业所有者（委托人）与职业经理人（代理人）的委托—代理关系。这种关系主要是两权分离情况下所产生普遍的委托—代理问题。第二大类是家族企业所有者（委托人）与家族成员管理人员

（代理人）特殊的委托—代理关系（Tosi 等，2003）。一般家族企业所有者（委托人）很乐意在家族内部选拔优秀的家族成员来管理企业，通过家族缔约方式产生特殊的委托—代理关系，这种关系往往是建立在家族亲缘与血缘上，有助于降低所有者（委托人）与管理者（代理人）之间利益的不一致性，因此，有助于减少代理成本（苏启林，2007）。在家族企业中更多时候需要关注第二大类代理问题。

四、资源依赖理论

资源依赖理论认为一个组织往往需要从所处的外部环境中获取关键资源，同时，与所处的外部环境相互作用、相互依存才能实现组织存活的目标，其中最重要的目标是要降低对外部环境提供关键资源或必要资源的组织的依赖程度，并且能够找到一个可以使这些提供必不可少的关键资源的供需组织之间关系的稳定的方法（Ulrich 等，1984）。组织既要与外部周围环境相互作用、相互依存，又需要通过一些办法调整自身对外部周围环境的依赖程度。

根据资源依赖理论，当企业缺乏关键性和必要性资源或者面临不确定性环境时，应通过与其他外部组织加强联系来降低对外部关键资源供应组织的依赖程度，从而减少或避免外部环境的变化带来的冲击，保障企业自身的相关利益（Frooman 等，1999）。当用资源依赖理论来解释家族慈善捐赠行为时，企业的捐赠行为正是上述所说的与其他组织的联系，如家族企业通过慈善捐赠行为可以与其他企业、非营利组织、政府、社区建立良好的关系，在众多利益相关者中，企业与掌握着其生存发展所需关键资源的组织要建立良好的关系，使企业处于良好的外部环境中。实证研究表明，捐赠金额较多的企业一般是公众感知和认知比较强的企业、与消费者接触也比较多的企业、更依赖于消费者的企业、劳动力密集型的企业，因为这些企业更依赖企业外部的周围环境所供给的资源。

第三章　家族企业代际传承模式比较

第一节　家族企业代际传承模式选择

一、家族企业代际传承发展

伴随着中国改革开放的不断深入，家族企业在短短的40年间，实现了从无到有、由小变大、由弱而强的巨大跨越，已成为了中国国民经济持续增长、发展方式升级转变和经济国际化的强劲动力。因此，“家业长青”也成为家族企业领域的实践者和理论研究者共同追逐的目标，在实现这一目标的过程中，家族企业的代际传承尤为受到学者的关注。家族性资源如何在传承过程中发挥作用等问题，是国内外学者思考的关键议题。许多学者统计发现，关于家族企业的研究文献中有20%左右是与传承问题相关的研究主题。当前，中国家族企业创始人年龄不断增大，越来越多的“民企二代”顺理成章地接过了父辈的重担，中国家族企业正值传承的高峰期，如表3－1所示。

表3－1　中国部分家族企业权力传承情况

公司名称	创始人	继承人	两者关系	交接年份
浙江万向集团	鲁冠球	鲁伟鼎	父子	1992
上海永安公司	郭芳枫	郭令明	父子	1995
传化集团	徐传化	徐冠巨	父子	1995
江苏永鼎集团	顾云奎	莫林弟	父子	1996

续表

公司名称	创始人	继承人	两者关系	交接年份
横店集团	徐文荣	徐永安	父子	2001
格兰仕集团	梁庆德	梁贤昭	父子	2001
江阴模塑集团	曹明芳	曹克波	父子	2001
翰纳森公司	许如根	许涛芳	父女	2002
山西海鑫集团	李海仓	李兆会	父子	2003
方太厨具	茅理翔	茅忠群	父子	2003
广厦集团	楼忠福	楼明	父子	2003
黄河实业	乔金岭	乔秋生	父子	2003
红豆集团	周耀庭	周海江	父子	2004
均瑶集团	王均瑶	王翰	父子	2004
宗申集团	左宗申	左颖	父女	2004
万通药业集团	潘首德	潘巍	父女	2005
劲霸时装	洪肇明	洪忠信	父子	2007
碧桂园集团	杨国强	杨惠妍	父女	2007
浙江中马集团	吴良行	吴江	父子	2008
万事利集团	沈爱琴	屠红燕	母女	2008
安踏鞋业	丁和木	丁志忠	父子	2009
中宝集团	吴良定	吴捷	父子	2010
上海兴盛实业	张兴标	张静静	父女	2010
长江实业	李嘉诚	李泽钜	父子	2012
四川希望集团	刘永好	刘畅	父女	2013

资料来源：笔者根据相关资料整理。

通过表3-1可以看出，家族企业代际传承基本模式是子承父业。这主要是受家族文化、家族性因素等方面的影响，因此，有学者认为子承父业是中国家族企业代际传承的主要模式。其实不然，西方比较有代表性的Handler三阶段模型、Davis生命阶段模型、父子四阶段接班模型等家族企业传承模型都以子承父业为基本假设。杨在军（2009）以中国为中心就家族企业子承父业普遍性原因进行挖掘，从社会文化和“经济人”假设角度，结合家族性因素等内容，对国内外家族企业子承父业模式进行对比说明，得出结论，子承父业并不是中国特色，而是中外家族企业代际传承模式的普遍规律。

二、家族企业代际传承主要模式

虽然子承父业（传亲）是家族企业传承的主要模式，但也有些企业会选择职业经理人家族外部传承模式（传贤）。比如美的集团，70 岁的何享健退出美的集团，而让年仅 45 岁的职业经理人方洪波担任集团董事长。因此，传亲和传贤这两种模式是目前中国家族企业传承的主要类型。但由于中国家族企业受“家”文化影响深远，家族企业创始人在面临“亲”和“贤”的选择时，传统文化决定了其将血缘关系凌驾于其他选择标准之上。所以，企业主更愿意选择传亲方式。

家族企业子承父业的传承模式，国内外学者从不同角度进行了分析。基于信任、文化和知识观角度，家族企业内部传承能加强企业管理团队的合作，有利于企业文化和知识资源转移，从而有效降低企业运营中的风险。李跃宇（2009）认为，深受儒家思想影响的亚洲国家，家族企业家往往遵循“差序格局”原则，将继承权交给后代而非职业经理人。

第二节　家族企业代际传承模式影响因素

一、家族企业接班人问题

2011 年 11 月出版的首份《中国家族企业发展报告》指出，中国过去 30 多年的经济高速增长的历史其实也是家族企业快速成长的历史，随着家族企业的第一代创业者逐渐步入暮年，企业接班人问题已十分凸显。如何顺利地完成权力过渡，解决企业传承过程中面临的人力资源和管理中的不确定性等问题，使企业能够在保持良好经营态势的情况下持续发展，是需要探索和研究的主要议题。

多数家族企业在传给谁、如何传等关键问题上依然缺乏继承规划。2019 年，工商联针对 2093 家家族企业的调研数据显示：只有 6% 的家族企业主系统思考并且有明确传承规划，完全没有考虑的企业主占到了 31%，有简单考虑的企业主

占30%，有系统思考但没有明确规划的占到了19%，通过数据可以看出，大多数企业主没有制定明确系统的传承规划，如图3－1所示。

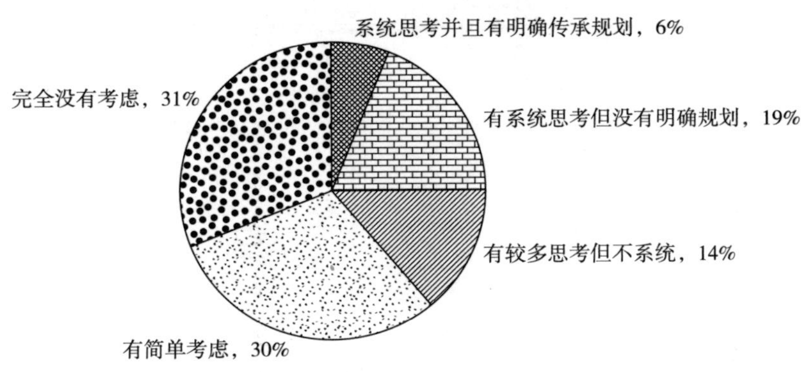

图3－1　家族企业传承规划完成程度

对于已经到传承期的家族企业，企业主大多希望以家族内部传承（传亲）方式来保持家族控制权，工商联调查不同年龄段企业家数据显示，65%以上的企业主都希望家族内部传承，企业主年龄越大越希望家族内部传承，如图3－2所示，主要是家族文化和家族资源等因素作用。但家族后代却未必有这样的意愿。全国工商联调查数据显示，家族二代中非常愿意接班的仅占9%，如图3－3所示，家族子女的接班意愿低会使家族企业内部传承（传亲）模式受到冲击，下面来探讨哪些关键因素会影响家族企业的传承模式选择。

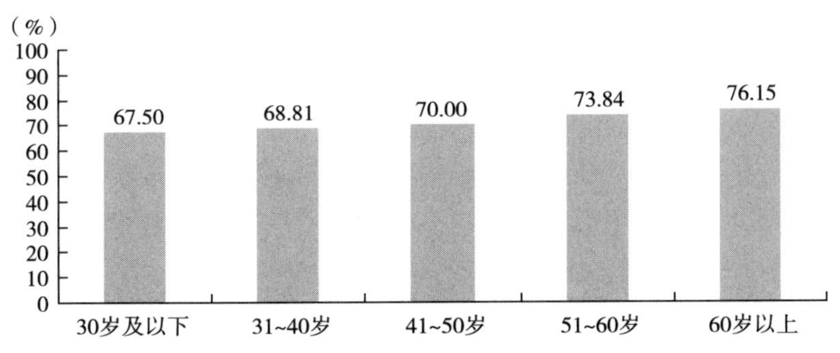

图3－2　不同年龄段企业家希望家族内部传承的意愿水平

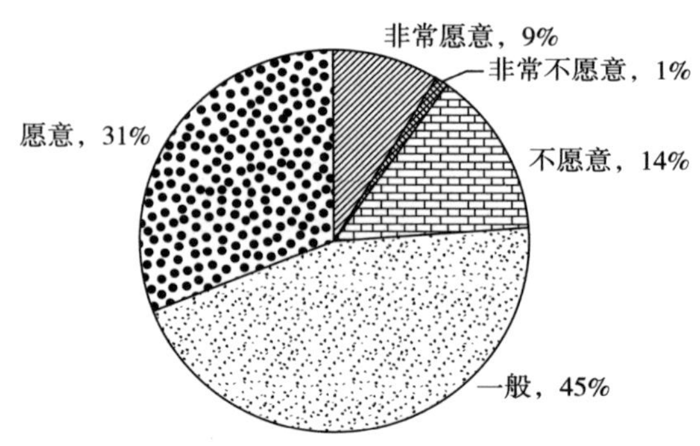

图3－3　家族企业二代接班意愿

二、影响家族企业的传承模式选择的因素

（一）家族子女接班意愿

学者研究分析指出，失败的企业传承主要是在任者不愿放手，因此，以往的研究者更多关注在任者的交接意愿。继承人在传承过程中扮演着重要角色，企业主是否愿意放手和继承人是否愿意继承是个博弈过程，如表3－2所示，通过博弈发现，一代不愿意放，二代不愿意接占比为46.8%。许多研究者都指出，愿意接班且又对家族企业高度忠诚的继承者是企业传承成功的重要因素。Stavrou（1999）以132位家族企业子女为研究对象，通过问卷调查数据进行实证研究，发现家族企业子女愿意接班的比例较低。余向前（2008）针对温州地区家族企业子女的大学生群体进行调查，结果发现只有16.1%的家族企业子女明确愿意以后接管家族企业。上述研究结果显示，家族子女在进入家族企业之前，接班意愿不高是一种普遍的现象。Hanlder（1992）研究表明，家族子女接班意愿越高，他（她）对企业的满意度就越高，个人投入企业的精力就会越多，对企业忠诚度也会越高，更愿意为家族企业付出。反之，如果家族子女的接班意愿低，有可能他（她）的个人职业需求与家族企业的愿景不一致，部分企业主会考虑把企业交给职业经理人来打理。因此，家族子女的接班意愿对家族企业是否采取传亲模式至关重要。

表 3-2 一代企业主和二代意愿 单位：家，%

		企业主意愿				总计	占比
		交班	占比	不交班	占比		
子女意愿	接班	480	22.7	567	26.8	1047	49.6
	不接班	77	3.7	989	46.8	1066	50.5
总计		557	26.4	1556	73.7	2093	100

另外，在对中国家族企业继任者分析发现，30 岁左右的“80 后”是继任者的主力军。值得关注的是，“80 后”的群体是在国家计划生育政策下出生的。相当数量的独生子女将成为家族企业未来的接班人，计划生育政策影响家庭结构，减少家族潜在继承人的规模，那么，计划生育引致家庭规模缩水是否会影响家族企业的内部传承呢?

（二）计划生育政策

由于独生子女政策，家族企业内部传承选择范围大大缩小，如果企业主期望家族企业子承父业，而子女不争气或接班意愿低，那么家族企业必然会遭遇“传承困境”。国外文献较少关注计划生育政策对家族企业传承的影响，但有学者研究家庭结构与企业传承之间的关系，这些文献能为此部分研究提供理论基础。Gersick（1999）研究认为家族企业的决策受到其控股家族的影响。在这之后，伯谦德等以泰国 70 多个家族企业为样本考察家庭结构与企业集团传承的关系。研究显示，家族成员涉入企业程度越高，家族规模越大。而且，家族的男性后代越多，家族企业内部传承的可能性越大，但男性家族成员之间发生争夺财产的内讧也会加剧，导致企业绩效下降。本尼森以丹麦家族企业为研究样本探讨了企业主的家庭特征对继任 CEO 选择决策的影响。与国外的研究相比，国内学者更多从历史角度对中国家族企业特征进行分析。中国的传统“家”文化以血缘关系为纽带，以传宗接代为根本任务。然而，1978 年中国的计划生育政策，致使家族企业继承人骤减，潘必胜预测，由于这一政策所带来的后果导致家族企业的寿命会大大缩短。当然，也有学者提出不同观点，他们认为独生子女政策使家族企业只有一个子女，但只要家族子女愿意接班，企业主就会把企业完整地交给他（她），不再出现子女均分家产的现象，也许会对家族企业的成功传承起到一定的推动作用。

到底计划生育政策对家族企业内部传承是利大于弊还是弊大于利，仍有待进一步的研究。但是，受家族子女接班意愿和计划生育政策的影响，家族企业的创始人会适时地考虑家族外部传承的模式。

（三）职业经理人市场

西方发达国家主要从两个方面研究家族企业引入职业经理人，一方面是职业经理人和家族成员的分配问题；另一方面是职业经理人市场对家族企业路径的演进机制影响。他们的研究都是鉴于健全的职业经理人市场、公司治理结构和信用中介机构，而国内的这些方面都处于逐步完善阶段。当前中国职业经理人市场缺乏的是有职业道德的经理人，真正的职业经理人需要具有较高的整体素质和能力。中国职业经理人市场不规范，是家族企业难以制度化的重要原因之一，储小平（2002）的研究认为，转轨时期中国职业经理人市场存在严重失灵现象，造成家族企业聘用职业经理人屡遭失败。由于中国经济体制发育尚不成熟，大部分职业经理人整体素质不高，有的能力不足，面对家族企业提供的职位和薪水诱惑，隐藏自己的缺点，夸大自己过去取得的业绩，骗取企业主的信任，这为日后双方合作破裂埋下隐患。但随着市场经济体制不断完善，职业经理人市场正走向规范化道路，有些家族企业聘用职业经理人后，企业运作良好。董志勇和官皓（2010）通过案例研究方法，认为家族企业引入职业经理人有利于家族企业的科学化管理。部分家族企业由于主观和客观因素，家族内部传承遇到障碍，有些企业主有意向将企业的管理权交给职业经理人。美的集团职业化管理的成功将会促进家族企业“传贤不传亲”模式逐渐步入传承轨道。

第三节　博弈模型分析家族企业代际传承

运用博弈模型分析家族企业代际传承问题能揭示企业主和潜在继承人之间的内在关系。学者对家族企业代际传承的研究主要聚焦于领导权的传承，领导权又可分为所有权（Ownership）和管理权（Management）。但是企业的所有权传承一般只能由家族成员来继承。有些企业主为了企业发展向职业经理人等让渡一部分

所有权，但绝大多数所有权还是掌握在家族成员手中。因此，本书的家族企业领导权传承主要指管理权由家族企业的创始人传递给传承人的过程，这个过程以所有权自动归属家族成员为前提。家族企业的代际传承是一个复杂多维、循序渐进的过程，这个过程其实就是创始人和潜在传承人之间的博弈、决策过程。

一、博弈论原理

首先，明确博弈论的内涵，博弈论又称“对策论”，是指研究多决策主体之间发生直接相互作用的决策及其相互平衡，以使收益或效用最大化的一种对策理论；其次，了解博弈论的基本假设，即所有博弈的参与者都是理性经济人；最后，掌握博弈模型的要素，作为一个完整的博弈模型主要包括了四个要素，主要有参与者（Players）、策略（Strategies）、次序（Orders）和收益（Payoffs）。

（一）博弈论的参与者（Players）

即在博弈论模型中能够进行独立决策并具有独立承担能力的个人或组织。比如，在家族企业管理权传承博弈中，参与者主要是企业的创始人和潜在的继承者。

（二）策略（Strategies）或行动（Actions）

即各博弈方在可选择的范围内的所有策略或行动。是指对于每个博弈方在进行博弈模型决策时，能够选择的方法、策略或经济活动。家族企业的博弈策略指家族企业的博弈参与者在管理权传承过程中采取的策略。

（三）参与博弈的次序（Orders）

在进行博弈的活动中，各个参与博弈的参与人独立地进行决策时，会要求这些博弈参与者同时做出选择，以此来保证博弈过程的公平性和合理性。

（四）收益（Payoffs）

在每个博弈方做出可能的决策选择时，都要对应有该策略组合下对于各博弈参与者的得失。

二、家族企业代际传承博弈模型要素构建

（一）家族企业代际传承博弈模型的基本假设

假设家族企业是异质性（Heterogeneity），这就需要家族企业的CEO掌握企

业的商业技术并且本身具有独特的知识，Habbershon 等（2003）把家族企业所特有的、因家族与企业互动而产生的独特的性质称为“家族性”（Familiness）。因此，家族企业具有特殊性（Idiosyrocratic）。家族企业的 CEO 如果是家族成员担任，由于“家族性”（Familiness）的优势，家族成员多了家族这一层关系，会对家族企业有更高的忠诚度和承诺，而且他们能够更便利地熟悉和掌握企业的隐性知识，能为家族企业带来竞争优势。如果 CEO 是职业经理人，由于家族企业的异质性，需要职业经理人了解家族企业的成长和商业技术等相关知识，职业经理人要花费时间和精力构建家族企业发展需要的特殊社会资本，同时，他需要掌握一些特殊专有能力，这使家族企业拥有了独特的人力资源。由此可见，潜在继承者进入家族企业意愿和本身能力对家族企业代际传承非常重要。

（二）家族企业代际传承博弈方

家族企业管理权传承最终传给谁是由家族企业创始人决定的，假定家族企业管理权传承方式只有两种：家族企业内部传承（传亲）和家族企业外部传承（传贤）。由此可知，家族企业代际传承博弈参与方是家族企业创始人（Founder）和潜在传承者，潜在传承者包括家族后代（Offspring，简称 O）和职业经理人（Professional Manager，简称 P）。假设他们都是理性经济人。

（三）家族企业代际传承博弈策略

家族企业代际传承中潜在传承者的意愿水平（The Level of Desire）和能力（The Ability）对成功传承至关重要。因此，创始人在选择接班人时会关注这两个方面。当家族后代（O）愿意接班时，家族企业顺理成章地传承给后代，而当家族后代不愿意接班时，家族企业创始人就会引入职业经理人，则家族企业代际传承的行动人有家族后代（O）和职业经理人（P）。假设在家族企业代际传承博弈过程中，只有一个家族后代和一个职业经理人，博弈的策略有以下四种：

（1）家族后代（O）和职业经理人（P）都有强烈意愿接管家族企业。

（2）家族后代（O）有强烈意愿接管家族企业，职业经理人（P）对接管家族企业兴趣不高。

（3）职业经理人（P）有强烈意愿接管家族企业，家族后代（O）对接管家族企业兴趣不高。

（4）家族后代（O）和职业经理人（P）都对接管家族企业兴趣不高。

构建潜在继承人博弈模型如表 3－3 所示。

表 3－3　博弈策略组合

		职业经理人（P）	
		高	低
家族后代（O）	高	（接管，不接管）	（接管，不接管）
	低	（不接管，接管）	（不接管，不接管）

（四）家族企业代际传承博弈参与者的支付函数

因为家族创始人在选择接班人时看重的是潜在传承者的意愿水平（The Level of Desire，简称 D）和能力（The Ability，简称 A），所以，我们假设创始人的支付函数由这两个因素决定，支付函数可以写成 $U_F = \alpha D_i + \beta A_i$（$D_i$ 表示潜在传承者的意愿水平，A_i 表示潜在传承者的能力；α、β 是参数，即 $\alpha > 0$，$\beta > 0$；$i = o$，p）。假设潜在传承者的意愿水平（The Level of Desire）和能力（The Ability）都是可测量的。潜在传承者要获得 CEO 职位需要投入成本 C_i，根据收益＝收入－成本的理论，则潜在传承者的收益函数可分为以下三种：

（1）当潜在传承人（O 或 P）接管家族企业的意愿强烈，并最终成为家族企业的 CEO 时，传承人的收益函数可写成 $U_i = D_i + A_i - C_i$，即 $D_i + A_i - C_i > 0$（$i = o$，p）。

（2）当潜在传承人（O 或 P）接管家族企业的意愿强烈，但最终没有获得家族企业的 CEO 时，传承人的收益函数可写成 $U_i = -C_i$（$i = o$，p）。

（3）当潜在传承人（O 或 P）都不愿意接管家族企业时，只能创始人（F）继续担任 CEO，传承人的收益函数可写成 $U_i = 0$。

三、应用博弈模型分析家族企业代际传承

应用博弈模型分析家族企业代际传承，为我们理解传承过程提供另一种解决问题的思路。家族企业创始人在代际传承过程中是传亲还是传贤，可以看作两个行动人（家族后代和职业经理人）博弈的结果。本书认为由于信息不完全和博弈双方的有限理性，家族创始人在做出决策时很难确认自己的选择是否最大化利

益，还要分析行动人的动机。

在不改变家族代际传承本质的条件下，对一些复杂的问题加以简化，对家族后代和职业经理人博弈模型做如下假设：

第一，家族后代（O）包括核心家庭的后代，有血缘关系的旁系的后代等。

第二，家族后代（O）和职业经理人（P）为获得 CEO 的职位有一定的成本 C_i 投入，包括熟悉和掌握家族企业的商业技术、专业能力的时间精力的投入。

第三，潜在传承者的能力（The Ability），包括管理技能、具有的社会资本及隐性知识等方面。

第四，潜在传承者接管 CEO 获得的收益 $D_i + A_i$，包括潜在继承者接管家族企业意愿强烈，他（她）对企业的高承诺和高忠诚是企业的特殊资源，这部分资源给企业带来竞争优势，进而企业会给潜在传承者一定的收益 D_i。还包括潜在传承者掌握的特殊和专有能力给企业带来的优势，企业给潜在传承者的收益 A_i。

（一）家族内部传承分析

假设家族企业创始人在选择接班人时，仅看重潜在传承人的意愿水平（The Level of Desire），此时，如果家族后代（O）接管企业的意愿非常强烈，即 $D_o > D_p$，博弈双方的收益矩阵如表 3-4 所示。

表 3-4　博弈收益矩阵

		职业经理人（P）	
		高	低
家族后代（O）	高	$(D_o + A_o - C_o,\ -C_p)$	$(D_o + A_o - C_o,\ 0)$
	低	$(0,\ D_p + A_p - C_p)$	$(0,\ 0)$

对于家族后代（O）来说，当家族后代接管家族企业意愿强烈时，职业经理人此时的最好选择是不接管企业；当家族后代不接管家族企业，即接管意愿低时，职业经理人最好选择接管企业，因此，家族后代有占优策略，这是纯策略纳什均衡。这时，家族企业传承是内部传承，从理性人角度分析，创始人认为选择传亲方式获得的收益是最大化的，即

$$\alpha D_o + \beta A_o \geqslant \alpha D_p + \beta A_p$$

$\alpha(D_o - D_p) \geqslant \beta(A_o - A_p)$

下面针对 $\alpha(D_o - D_p) \geqslant \beta(A_o - A_p)$ 进行讨论，分以下几种情况讨论。

（1）$A_o > A_p$ 且 $D_o > D_p$ 时。这种情况是家族后代的能力 A_o 明显强于职业经理人的能力 A_p，并且家族后代接管企业的意愿 D_o 明显高于职业经理人的意愿 D_p，即 $A_o > A_p$ 且 $D_o > D_p$，家族创始人为了保护家族财富，当然会选择传亲方式。

（2）$A_p > A_o$ 且 $D_o > D_p$ 时。这种情况是家族后代的能力 A_o 明显弱于职业经理人的能力 A_p，并且家族后代接管企业的意愿 D_o 明显高于职业经理人的意愿 D_p，即 $A_p > A_o$ 且 $D_o > D_p$，家族创始人看重的是家族后代的接班意愿，如果子女接管意愿强烈，即使能力不强，创始人也会让其接班，比如王安电脑公司，所以，创始人还是会选择传亲方式。

（3）$A_o > A_p$ 且 $D_p > D_o$，$A_p > A_o$ 且 $D_p > D_o$ 时。一种情况是家族后代的能力 A_o 明显强于职业经理人的能力 A_p，并且家族后代接管企业的意愿 D_o 明显弱于职业经理人的意愿 D_p，即 $A_o > A_p$ 且 $D_p > D_o$；另一种情况是家族后代的能力 A_o 明显弱于职业经理人的能力 A_p，并且家族后代接管企业的意愿 D_o 明显弱于职业经理人的意愿 D_p，即 $A_p > A_o$ 且 $D_p > D_o$，这两种情况都是 $\alpha(D_o - D_p) < \beta(A_o - A_p)$ 的状态。

由上述分析可知，对家族创始人来说，当 $\alpha(D_o - D_p) \geqslant \beta(A_o - A_p)$ 时，在 $A_o > A_p$ 且 $D_o > D_p$，$A_p > A_o$ 且 $D_o > D_p$ 这两种情况下，家族后代在博弈矩阵中有占优策略，创始人选择家族内部传承收益实现最大化。而在 $A_o > A_p$ 且 $D_p > D_o$，$A_p > A_o$ 且 $D_p > D_o$ 这两种情况下，$\alpha(D_o - D_p) \geqslant \beta(A_o - A_p)$ 变成 $\alpha(D_o - D_p) < \beta(A_o - A_p)$，此时，家族后代就不再是占优策略，对创始人来说选择家族内部传承收益就不是最大。那家族企业创始人该如何选择呢?

（二）家族外部传承分析

1. 家族企业传承给职业经理人

当 $\alpha(D_o - D_p) < \beta(A_o - A_p)$ 时，家族企业代际传承潜在继承人博弈双方收益矩阵如表 3 - 5 所示。

由表 3 - 5 可知，对于职业经理人来说，当他接管家族企业的意愿高时，家族后代最好的选择是不接管企业；而职业经理人不接管企业时，家族后代最好的选择是接管企业，因此，在潜在传承人博弈收益矩阵中，职业经理人有占优策略，

表 3-5 潜在传承人博弈收益矩阵

		职业经理人（P）	
		高	低
家族后代（O）	高	$(-C_o, D_p+A_p-C_p)$	$(D_o+A_o-C_o, 0)$
	低	$(0, D_p+A_p-C_p)$	(0，0)

达到纯策略纳什均衡。也就是说，在家族后代的能力 A_o 明显强于职业经理人的能力 A_p，并且家族后代接管企业的意愿 D_o 明显弱于职业经理人的意愿 D_p，即 $A_o>A_p$ 且 $D_p>D_o$ 和家族后代的能力 A_o 明显弱于职业经理人的能力 A_p，并且家族后代接管企业的意愿 D_o 明显弱于职业经理人的意愿 D_p，即 $A_p>A_o$ 且 $D_p>D_o$ 这两种情况下，家族企业创始人选择职业经理人接管企业，他的收益达到最大化。

2. 职业经理人接管企业的三阶段

如果家族企业的管理权传承给职业经理人，因为家族企业都有较高的独特性（Idiosyncratic），企业需要具有一定独特知识（Idiosyncratic Knowledge）的人进行管理，职业经理人被看成是家族企业的专有人力资本，当有专有人力资本时，就产生了可占用的专有准租金，如图 3-4 所示。

经济学对可占用的专有准租金有明确的定义。专用性资产的准租金（Quasi Rents）和可占用性准租金（Appropriable Specialized Quasi Rents）是指假设一项资产为某一个人所有并租给另一个人，这项资产的准租金的值就会超过其残值，即超过另一承租人次优使用的价值。根据以上定义，本章认为职业经理人的可占用专有准租金是指他在家族企业取得报酬收入（即他的专有性人力资产出租的收益）超过他在另外一家企业的次优出价收入（即他的专有性人力资产的残值）部分。由于有可占用专有准租金，职业经理人就会出现机会主义行为，使家族企业被套牢。职业经理人接管家族企业后可借用如图 3-4 所示的模型来说明职业经理人的机会主义行为。

第一阶段：家族企业决定聘任职业经理人，职业经理人在家族企业工作，家族企业有较高的独特性，职业经理人具有在家族企业工作的专有知识和能力，熟知家族企业商业规则，并投入大量的时间和精力获得这方面的经验，因此，职业经理人的谈判能力增强，容易出现职业经理人的机会主义行为。

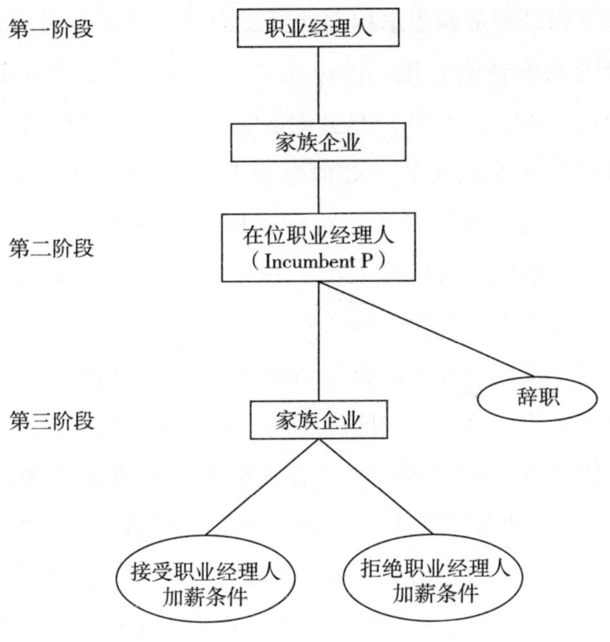

图 3－4　职业经理人接管企业三阶段模型

第二阶段：随着职业经理人在家族企业工作经验的增加，他所获得的社会资本和管理能力都增强，他的专有知识不断增加，能大幅度提升家族企业的绩效，家族企业越来越依赖该职业经理人，职业经理人的可占用性准租金增大。对家族企业来说，现有职业经理人如果辞职对家族企业的损失很大，因为，家族企业要面临再聘任其他职业经理人的诸多不确定性。

第三阶段：现有职业经理人在家族企业工作时间越长，他所掌握的家族企业的所特有的知识和能力就越多，可占用的专有准租金也就越大，职业经理人的谈判能力越强，他希望从家族企业中获得更多的补偿，因此，他提出加薪请求，如果家族企业认为，职业经理人提出的加薪补偿不超过他给企业所创造的价值，家族企业就会接受他的请求，否则就拒绝。

四、总结

通过以上分析可知，家族企业引入职业经理人过程中面临两难选择：职业经理人能带来专业化管理的益处，但同时也可能产生职业经理人机会主义行为的代理成本。家族企业如果传贤就要承担职业经理人机会主义行为的风险，而“子承父业”能有效降低家族企业委托—代理成本，子承父业所产生的“特殊性家族性”能给家族企业带来资源优势，产生竞争优势，同时，要避免子承父业所产生的“束缚性家族性”带来的劣势。如何减少职业经理人的机会主义行为，发挥他们的优势使企业受益，这需要制定符合家族企业发展的激励约束代理人的机制，但现实中不存在激励约束代理人的一种完美的制度。因此，在当前形势下，中国家族企业传承方式更多表现为传亲方式。

本章主要分析了家族企业传承模式到底是传亲还是传贤是由创始人的收益函数及家族企业所承担的代理成本共同决定的。家族企业代际传承博弈模型分析表明，只要家族后代接班意愿强烈，家族企业创始人更看重“家族性”这个因素的重要作用，家族成员在家族文化的共同影响下，团结一致，产生巨大的凝聚力和家族核心文化，企业主为了保护家族的财富，会选择传亲方式。按照李新春等（2015）的观点，家族企业在是否引入职业经理人决策时，既受到家族内因的制约，也受到家族外因的制约。在模型中，内因主要是“家族性”等特有的资源及家族情感等因素，外因是指构建代理人的激励、约束的机制，避免代理人机会主义行为。就目前中国的现实情况而言，中国家族企业多数创始人在传承决策过程中面临家族后代不愿意接班和企业主希望后代接班的矛盾。如果家族子女不愿意继任企业，企业主可借鉴国内外成功经验，除了“传亲”和“传贤”模式，还可探索出一些非主流的模式。

目前国内家族企业传承其他模式主要有：一种做法是“选婿接班”，这种做法借鉴日本的“女婿养子”制，即家族创始人认为儿子不具备继任企业的能力，会在企业中挑选一个有能力的人栽培，并把女儿嫁给他，并收其为“养子”。另一种做法类似“托孤”，建立一个由职业经理人、咨询人员组成的团队，共同协作继任者管理企业。

随着中国市场经济的不断完善，职业经理人市场和家族企业的制度越来越趋于规范化，这能为家族企业的成功传承提供更多的模式选择。

第四节　家族企业子承父业模式分析

一、家族企业的家族涉入

“家族性”构念的测量最具有代表性的是 F－PEC，Chrisman 等（2005）根据F－PEC 的研究，提出“家族性”影响因素从三个方面进行测量：家族涉入所有权、家族管理和代价传承。多数学者在研究“家族性”影响因素时，采用深度访谈和问卷等方式测量，由于有些内容主观性很强，对测量结果有一定的影响，加之有些只给出了概念性测度，无法进行实证分析。通过整理国内外相关文献，现有研究仅是给出了“家族性”的概念模型，虽然有从不同理论角度给出的影响因素，但很难汇总到一个完整的理论体系中。因此，笔者认为用替代变量衡量“家族性”的三个方面能更为客观地分析问题。

（一）“家族性”中的家族涉入所有权

“家族性”中的家族涉入所有权维度用家族所有权比例和业主权威两个指标衡量。家族所有权比例是指用家族企业创始人及其家族成员所有者权益总额比例之和衡量，但上市家族企业多数是金字塔结构股权控制方式，为了准确表示所有权比例，我们按照 La Porta 等的做法，用现金流权衡量终极所有权。家族企业的创始人的个人影响和默会知识等，这些“家族性”是企业独特的资源，家族企业异质性资源，会为企业带来竞争优势，这可以理解为业主权威，依据王明琳（2006）的研究，我们把业主权威就用创始人或家族成员是否同时兼任董事长和总经理来衡量。

（二）“家族性”中的家族管理

“家族性”中的家族管理维度用家族参与管理和参与企业管理家庭数衡量。根据 Dou 等（2014）的研究，用家族成员进入董事会席位的人数占董事会总人数的比例来衡量家族参与管理。参与企业管理家庭数是指在家族企业中管理中的直系或旁系的家庭数。一般来说，家族企业会包含多个家庭，各个家庭的目标、利益和价值观必然会出现冲突，这样就会产生“束缚性家族性”，会影响企业绩效（徐鹏等，2011）。

（三）“家族性”中的代际传承

“家族性”中的代际传承维度用家族成员担任CEO来衡量，指总经理是否由家族成员担任，学者对家族企业代际传承的研究主要聚焦于领导权的传承，领导权又可分为所有权（Ownership）和管理权（Management）（Handler，1992）。但是企业的所有权传承一般只能由家族成员来继承。有些企业主为了企业发展向职业经理人等让渡一部分所有权，但绝大多数所有权还是掌握在家族成员手中（于荣荣，2006）。因此，家族企业领导权传承主要指管理权由家族企业的创始人传递给传承人的过程，如果总经理仍由家族成员担任，说明该家族企业代际传承仍存在“家族性”。

二、家族企业子承父业中的家族涉入对企业绩效的影响

（一）“家族性”中的家族涉入所有权对企业绩效的影响

“家族性”中的家族涉入所有权维度用家族所有权比例和业主权威两个指标衡量。下面我们来考察这两个维度对家族企业绩效的影响。Kachaner等（2012）指出，回顾1997~2009年的几次全球经济危机，家族企业的平均绩效远高于一般企业。家族企业所有权比例越高的企业越重视家族的声誉和形象。当经济环境好时，家族涉入所有权比例高，家族创始人更会保护家族成员的社会情感财富，会放弃风险较大的战略，更多采用能给家族企业带来长期收益的战略，保证家族企业的竞争优势。当经济低迷时，家族企业往往是所处行业的翘楚。汤莉等（2018）研究表明，家族涉入程度越高，家族企业更加具有长期战略，促进企业绩效的提升。因此，我们认为家族所有权比例会正向影响家族企业绩效。家族企业的创立也离不开富有个人权威和魅力的创始人，创始人的权威和魅力对家族企业至关重要。创始人的个人理念、文化等影响着家族成员及员工，因此，这种业主权威影响家族企业的发展。创始人在创业和经营过程中积累的个人魅力和权威，如果让家族成员和员工佩服，员工会表现出信服和忠诚，也会遵从家族创始人的想法，积极努力地工作，甚至对创始人超越了个体理性的服从（王明琳等，2006）。如阿里巴巴的创始人马云，他的个人魅力和权威让阿里巴巴的员工信服，员工几乎是无条件地追随马云，正是这些员工的努力，形成了阿里巴巴的凝聚力

和文化，造就了今天的阿里巴巴的成就。家族企业的这种“家族性”所表现出的业主权威，可以增强企业的凝聚力，降低企业的委托—代理成本，提高企业绩效。

基于上述分析，提出以下假设：

假设3－1a：家族所有权比例与企业绩效呈正相关关系。

假设3－1b：家族企业中的业主权威与企业绩效呈正相关关系。

（二）“家族性”中的家族管理对企业绩效的影响

“家族性”中的家族管理维度用家族参与管理和参与企业管理家庭数衡量。家族参与管理可以代表利他程度（王明琳等，2006）。利他主义从经济学角度分析是指，行为主体出于提高自身效用考虑，为提高他人的福利而牺牲自己利益的行为。在家族企业中，利他主义行为普遍存在，因为家族创始人会保护家族成员而放弃企业的收益。这种利他行为导致创始人的“自我控制”问题严重。家族利他行为通过企业所有人和管理者的行为体现，会对企业产生三类代理问题。第一类代理问题是道德风险，家族管理者在董事会席位比例高，这些家族管理者会对其他家族成员特殊照顾，使家族成员产生“搭便车”和偷懒等行为，这是“束缚性家族性”，会制约家族企业的发展。因此，Becker（1974）认为，利他主义行为在市场中是缺乏效率的。第二类代理问题是“锁定”，家族管理者不会愿意开除那些不能胜任家族企业工作的家族成员，同时，家族成员要承担巨大的退出成本，而不愿离开家族企业，造成资源浪费。第三类代理问题是逆向选择，家族所有者和管理者在选择经理人时，会本能地以血缘和裙带关系为挑选的依据，增加了挑选出不合格经理人的风险，而使优质的家族外人才不被重用（Lubatkin等，2005）。这三类由利他行为产生的代理成本会影响家族企业良性发展，降低企业绩效。因此，家族管理者占董事会席位比例越高，家族企业绩效越低。

家族企业是由单系（父系）亲属原则的家庭组成的，一般是由1个或1个以上的家庭组成。当参与到管理中的家族企业是由多个家庭组成时，各个家庭的利益和目标会有差别，必然会造成冲突和矛盾，矛盾会随着家庭数的增加而加剧，因此，家族内部家庭之间的纷争时刻不停，尤其是在企业快到传承时期时，每个家庭都希望自己的后代来接管企业，冲突和矛盾更为严重。这种“束缚性家族性”有时会造成家族企业灭顶之灾。当参与管理的家庭数增多，家族企业内部会分为不同的派别，管理者对不同派别的协调成本增大，由此使企业的交易成本随之上升，严重影响家族企业绩效。因此，参与企业管理家庭数越多，家族企业绩效越低。

基于上述分析，提出以下假设：

假设 3 -2a：家族参与管理与企业绩效呈负相关关系。

假设 3 -2b：参与企业管理家庭数与企业绩效呈负相关关系。

（三）“家族性”中的代际传承对企业绩效的影响

“家族性”中的代际传承维度用家族成员担任 CEO 来衡量。Barney（1991）认为，企业是资源的集合体，企业合理配置其拥有的异质性资源能获得竞争优势，提高经济效益。嵌入家族关系，从资源基础理论视角，家族 CEO 被认为是企业重要的战略资源。由于家族企业、家族 CEO 和企业主的目标一致，管理理念、价值观相近，家族 CEO 及成员能够取得企业主的充分信任和授权，这增强了家族 CEO 对企业的认同感，产生心理承诺，使他会自愿更努力地工作，并利用自己隐性知识和社会资本经营企业。这种“家族性”会实现企业价值增加。中国家族企业大都受儒家思想影响，因此，儒家价值观造就家族企业的管理风格。文化作为一种非经济因素对经济组织会产生很大影响力。家族 CEO 及成员经营管理企业，企业洋溢着仁爱的家长氛围，家族企业效率来自于一种相同“家”文化背景雇员的期望相适应的工作环境和气氛。管家理论从社会人假设出发，认为人是具有强烈追求自我价值实现动机的，将家族管理者即家族 CEO 看成是忠于职守的“管家”（Davis 等，1997）。共同价值观影响下，管理者像管家一样关心和信任家族成员，企业的凝聚力增强，“特殊性家族性”转变成为企业竞争优势。由于家族 CEO 是长期任命的，他会采取创新战略来获得稳定收益，保障家族和企业长期发展。

基于上述分析，家族成员出任 CEO 会提升家族企业绩效。因此，提出以下假设：

假设 3 -3：家族成员担任 CEO 与企业绩效呈正相关关系。

三、家族企业子承父业中的家族涉入对企业绩效的实证研究

（一）样本的选择

根据研究需要，本书选择了 2010 ~2019 年中国上市家族企业的面板数据为研

究样本，进行实证分析。对家族企业的界定依据王明琳等的研究，满足以下三个条件：第一，公司年报中所披露的最终控制人是家族或自然人；第二，公司的第一大股东对该上市公司的控制权必须大于20%；第三，公司的高管至少有两位具有亲缘关系的家族成员担任。然后剔除了外资类、集体类及金融类企业，删除了ST、ST*和PT等财务指标异常值较多的企业，最后得到并确认有效样本为246个，共10年的2460个观测数据。相关数据来源于国泰安数据库及上市公司年报。

（二）相关变量界定与测量

变量1：企业绩效（ROA），计算公式为：ROA = 净利润/期初和期末平均总资产。

变量2：家族所有权比例（FO），是指家族企业创始人及其家族成员所有者权益总额比例之和。

变量3：业主权威（AO），用创始人或家族成员是否同时兼任董事长和总经理来衡量。

变量4：家族参与管理（FDR），用家族成员进入董事会席位的人数占董事会总人数的比例来衡量。

变量5：参与管理的家庭数（NF），是指家族企业中管理中的直系或旁系的家庭数。

变量6：家族成员担任CEO（FCEO），如果家族成员担任CEO，取1，否则取0。

除此之外，还有一些变量也被纳入到模型中，企业规模（SIZE）、机构投资者持股比例（II）等，变量具体定义如表3－6所示。

表3－6　变量定义

变量类型	变量名称	变量符号	定义
因变量	企业绩效	ROA	ROA = 净利润/期初和期末平均总资产
自变量	家族所有权比例	FO	家族企业创始人及其家族成员所有者权益总额比例之和
	业主权威	AO	创始人或家族成员是否同时兼任董事长和总经理，如果是取1，否则取0
	家族参与管理	FDR	家族成员进入董事会席位的人数占董事会总人数的比例
	参与管理的家庭数	NF	家族企业中管理中的直系或旁系的家庭数
	家族成员担任CEO	FCEO	家族成员担任CEO，取1，否则取0

续表

变量类型	变量名称	变量符号	定义
控制变量	企业规模	SIZE	Ln（总资产）
	机构投资者持股比例	II	机构投资者持股比例

（三）研究模型

回归模型为：

$$ROA_{it} = \beta_0 + \beta_1 SIZE_{it} + \beta_2 II_{it} + \mu_{it} \quad (3-1)$$

$$ROA_{it} = \beta_0 + \beta_1 SIZE_{it} + \beta_2 II_{it} + \beta_3 FO_{it} + \beta_4 AO_{it} + \beta_5 FDR_{it} + \beta_6 NF_{it} + \beta_7 FCEO_{it} + \mu_{it} \quad (3-2)$$

其中，ROA 表示企业绩效，SIZE 表示企业规模，II 表示机构投资者持股比例，FO 表示家族所有权比例，AO 表示业主权威，FDR 表示家族参与管理，NF 表示参与企业管理的家庭数，FCEO 表示家族成员担任 CEO，i 表示上市家族企业，t 表示年份，μ 表示误差项。

（四）变量描述性统计

表 3－7 是变量的平均数、标准差、最小值、中位数和最大值。由表 3－7 可知，家族所有权比例平均值为 39.8%，家族控制现象较为普遍，“家族性”必然会对企业绩效有影响。家族企业中平均 31.8% 的创始人或家族成员是同时兼任董事长和总经理，家族业主权威较强，家族企业平均有 1.959 个家庭参与管理，平均 58.2% 的家族企业都是由家族成员担任 CEO，家族企业的机构投资者比例较少，由以上数据可以看出，“家族性”是普遍性的。

表 3－7　变量的描述性统计

变量	平均数	标准差	最小值	中位数	最大值
企业绩效	0.058	0.058	－0.371	0.052	0.303
家族所有权比例	0.398	0.187	0.005	0.389	2.439
业主权威	0.318	0.466	0.000	0.000	1.000
家族参与管理	0.179	0.081	0.040	0.167	0.583
参与管理的家庭数	1.959	0.912	1.000	2.000	7.000
家族成员担任 CEO	0.582	0.494	0.000	1.000	1.000

续表

变量	平均数	标准差	最小值	中位数	最大值
企业规模	21.53	0.990	19.130	21.360	25.060
机构投资者持股比例	4.137	4.469	0.000	2.575	22.870

（五）变量的相关性分析

通过表3-8变量相关性分析可知，“家族性”中的家族所有权比例、业主权威两个变量与企业绩效相关，并通过0.05显著水平检验；“家族性”中的家族参与管理、参与管理的家庭数对企业绩效有负向影响，“家族性”中的家族成员担任CEO对企业绩效是正向影响，虽然不显著，但本章提出的研究假设基本得到验证。

表3-8 变量的相关性

变量	ROA	FO	AO	FDR	NF	FCEO	SIZE	II
企业绩效	1							
家族所有权比例	0.088**	1						
业主权威	0.089**	0.129***	1					
家族参与管理	-0.074**	0.029	0.069*	1				
参与管理的家庭数	-0.039	-0.040	-0.092**	0.791***	1			
家族成员担任CEO	0.015	0.056	0.580***	0.340***	0.250***	1		
企业规模	0.065*	-0.061*	-0.155***	-0.105***	-0.026	-0.135***	1	
机构投资者持股比例	0.299***	-0.049	0.077**	-0.113***	-0.118***	0.028	0.157***	1

注：*表示 $p<0.1$，**表示 $p<0.05$，***表示 $p<0.01$。

（六）回归分析结果

由表3-9变量的回归结果模型（3-1）可知，家族企业的规模和机构投资者持股比例对企业绩效有正向影响，即企业规模越大，企业绩效越好；家族企业机构投资者持股比例越多，企业绩效越好，因此，家族企业需要增加机构投资者的持股比例以稳定企业绩效。从模型（3-2）可以看出，“家族性”中家族涉入所有权两个维度家族所有权比例和业主权威与企业绩效呈显著性正相关关系，在0.01显著水平上，假设3-1a和假设3-1b得到了验证；“家族性”中家族管理的两个维度家族参与管理和参与企业管理的家庭数与企业绩效呈显著性负相关关系，在0.05显著水平上，假设3－2a和假设3－2b得到了验证；“家族性”中家族成员担任CEO与企业绩效呈显著正相关关系，在0.05显著水平上，假设3－3得到了验证。由此可知，“家族性”的三个维度对企业绩效的影响得到验证。

表3－9　变量的回归结果

变量	模型（3－1） ROA	模型（3－2） ROA
企业规模	0.001*** （0.002）	0.002*** （0.002）
机构投资者持股比例	0.004*** （0.000）	0.004*** （0.000）
家族所有权比例	—	0.031*** （0.011）
业主权威	—	0.017*** （0.006）
家族参与管理	—	－0.086** （0.043）
参与管理的家庭数	—	－0.009** （0.004）
家族成员担任CEO	—	0.012** （0.006）
常数项	0.015*** （0.045）	－0.008*** （0.047）
观察值	732	720
R－squared	0.090	0.116
F值	35.91	13.39

注：*表示 $p<0.1$，**表示 $p<0.05$，***表示 $p<0.01$。

四、总结

（一）简要结论

通过理论和实证分析，本章得到如下研究结论：第一，“家族性”中的家族

所有权比例维度对企业绩效有积极影响，体现了“家族性”的优势；第二，“家族性”中的家族管理维度对企业绩效有消极影响，体现了“家族性”的劣势；第三，“家族性”中代际传承维度对企业绩效有积极影响，体现了“家族性”的优势，同时，也说明了当前“子承父业”是中国家族企业主要传承模式。

（二）启示

“特殊性家族性”和“束缚性家族性”对家族企业的影响是双重性的，这也导致了家族企业具有竞争优势和劣势有家族性深层因素。家族企业作为中国市场经济发展的主要力量，要明确家族企业家族性的独特性，合理利用“家族性”优势，扬长避短，将资源优势转化成竞争优势。家族企业创始人要用动态思维来审视家族企业的竞争优势资源，家族企业在其发展过程中的不同阶段，对资源的管理和利用也有不同的要求。因此，对于家族企业来说，根据“家族性”特点，积极合理地管理和利用“家族性”资源尤为重要。

第四章　家族企业子承父业模式优势分析

新鸿基地产郭氏家族争产风波持续了六年，引起了理论界和实务界的广泛关注。郭氏家族内讧背后暴露出的其实是家族企业转型过程中的公司治理问题，诸多家族企业治理研究文献中存在两种对立的理论观点：一种观点认为子承父业的家族化管理是落后的和无效率的。以 Schulze（2001）和 Lubatkin 等（2007）为代表的学者认为，这种家族性资源会加剧企业的代理冲突，利他行为可能产生家族企业中的“双向套牢”效应。一方面，家族企业的利他行为会诱导家族成员产生偷懒、“搭便车”和逆向选择等损害企业绩效的机会主义行为；另一方面，家族成员担心丧失职位、薪酬以及继承权，也不愿意退出公司，这种家族性资源严重影响企业绩效。学者进一步研究认为，利他行为造成的“束缚性家族性资源”导致所有者不能客观评价家族成员的能力，由于利他行为嵌入代理关系，致使其所引致的代理成本增加。家族企业的“束缚性家族性资源”造成企业内部人力资源管理扭曲，影响家族企业的运行效率。

另一种观点以委托—代理理论为基本框架，Jensen（1976）首先提出，家族成员参与企业管理能解决委托—代理问题，进而能提高企业绩效。家族成员参与企业管理的“特殊性家族性”，能给企业带来巨大收益。由于家族连带（Family Ties）的存在，使委托人和代理人的利益高度一致，家族管理者对组织有强烈的认同感和责任感，企业家很渴望成就一番事业，更愿意追求组织的长期收益，在共同家族文化的熏陶下，家族成员共同努力实现企业发展。同时，家族成员在“共荣共损”的家族文化影响下，希望自家产业能够基业长青。因此，家族成员被认为是特殊的代理人，他们往往从家族利益出发进行决策，有效减少家族企业

的监督和协调成本，提升家族企业治理活动的效率。Kachaner 等（2012）为揭示家族企业的与众不同的原因进行了大量研究，发现家族企业具有韧性，在经济上行时，家族企业的绩效低于非家族企业，而在经济低迷时，它们又是所处行业的翘楚。所以，从较长的时间周期来看，家族企业独特的管理模式有利于企业价值的稳定增长。近年来，这两派观点争论有愈演愈烈的趋势。

理论层面持续升温的争论促使众多学者试图通过实证方法找到相对一致的结论。研究者以不同公司的数据为样本进行实证研究，发现家族企业的绩效优于非家族企业的绩效，家族成员出任 CEO 的企业绩效优于职业经理人。但也有学者对此结论提出质疑，Gomez - Mejia 等（2001）从行为理论角度分析，以包括中小型家族企业在内的企业为样本进行实证研究，得出结论：家族管理者会以保护家族社会情感财富为前提，甚至不惜以降低企业绩效为代价。随后，有国内学者以中国家族企业为样本，分别研究家族化管理和家族成员内部权力集中度与企业价值的关系，与国外学者结论也有所差异。同理论推演一样，实证研究结果也是众说纷纭，没有达成一致性结论。

国内外学者在研究家族企业代际传承时，将家族企业看成是同质性（Homogeneity）的，仅区别家族企业和非家族企业治理机制差异，但尚未深入分析家族企业传承在不同维度时治理机制的相机选择。虽然学术界就家族企业权力集中度问题取得了一些重要性的成果，但现有的文献仍存在一定的局限性，即大多数学者将家族作为一个整体来进行研究，虽然最近吴炯（2016）有进一步研究，但其主要是案例研究，大样本的定量刻画仍然不足，也较少从企业规模和家族成员所有者集中度两个方面研究子承父业的家族化管理与企业绩效的调节作用。而本章试图从家族企业的异质性（Heterogeneity）和家族成员个体差异等因素考虑，运用上市家族公司的数据，创造性运用象限分析法将“代理理论”和“管家理论”相结合深入地探讨不同类型企业的子承父业的家族成员参与管理对企业绩效的影响，以诠释在规模和家族成员所有权结构作用下，家族企业治理模式的相机选择。

第一节　子承父业的家族化管理对企业绩效的影响

一、家族化管理和企业绩效

家族化管理这一概念最早由 Corbetta 和 Monemerlo（1999）提出，是指子承父业中家族成员参与企业管理、战略决策。CEO 是企业中最为重要、最具权力的角色，家族成员是否担任 CEO 是家族化管理的核心要素。因此，本章借鉴 Miller（2013）的做法，将家族化管理这一概念操作化为子承父业的家族成员出任 CEO。Habbershon 等（2003）指出，家族化管理这种“特殊性家族性”会产生独特的资源和能力，降低企业内部代理关系，进而对企业价值产生积极影响。代理理论从“经济人”假设出发，认为人总是在寻求自我利益最大化，管理者（代理人）会为自己的私利而牺牲所有者（委托人）利益。但嵌入家庭关系、家族企业的代理关系与一般企业有很大不同，依据 Jensen 和 Meckling（1976）的模型及其假定，子承父业的家族管理模式大大简化代理关系，降低代理成本。家族成员出任 CEO 与企业有着天然的紧密关系，使家族委托人与代理人之间目标一致，减少了为防止委托人机会主义的激励成本。因此，家族化管理是一个相对于一般企业的高成本管理机制的替代。

管家理论从社会人假设出发，认为人是具有强烈追求自我价值实现动机的。Davis 等（1997）进一步拓展和完善了管家理论研究框架，该理论以心理学和社会学的理论为基础，强调人的感性化，将管理者看成忠于职守的“管家”。作为“管家”的家族 CEO 受自身成就动机影响，由于“家族性”因素，家族 CEO 会更加勤奋工作，为家族目标和自身价值努力，不以牺牲企业利益为代价谋求个人私利，而是追求所有者利益的最大化。所有者和管理者目标一致，并相互信任，这增强了家族 CEO 对企业的认同感，他会自愿努力地工作，并利用自己隐性知识和管理技能经营企业，这种家族特有的资源和能力会提升家族企业的竞争优势。

基于上述分析，提出以下假设：

假设4-1：家族化管理和企业绩效具有正向关系。

二、规模、家族化管理和企业绩效

在家族企业中，委托—代理关系与委托—管家关系是能够并存的，两者并不排斥。家族CEO由于“家族性”具有代理人和“管家”两种行为倾向，是代理人和“管家”角色的融合。企业不同发展阶段决定了家族CEO角色定位动态变化的趋势，如图4-1所示。

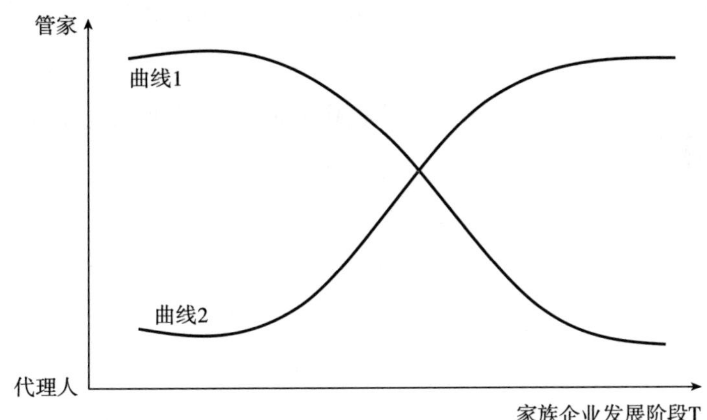

图4-1　管理者角色定位动态模式

家族企业在创业初期时，家族化管理表现为“管家”行为倾向较明显。管家理论相信“性本善”，因此，将家族管理者的家族性看成是克尽职守、可以信赖和高度组织承诺的“管家”，由于家族所有者和家族成员共同的家族性利益趋于一致，管理者会像“管家”一样努力利用好家族所有者的财产。因此，家族所有者充分信任家族成员，几乎没有对家族成员的约束机制，降低了家族企业委托—代理成本，家族化管理表现出来的代理行为和“管家”行为的优势都发挥出来，有利于提升企业绩效。当企业规模不断扩大，其生产经营活动变得越来越复杂，企业需要补充有特殊专业能力的家族外经理人员，“管家”型家族CEO由于亲缘和裙带关系因素，不能公平客观地对待家族经理人和非家族经理人，致使家族CEO担心损害家族成员（家族经理人）的福利而不愿意采取基于激励的薪酬制度改革。这样，使努力工作的家族外经理人员发现个人贡献和收益不相符，产生心理不平衡，进而增加在职消费来获得补偿，这种逆向选择造成严重的代理成本，此时家族 CEO 很难继续“管家”的角色，而更多的是扮演代理人角色。

与此相反，在企业初创期，职业经理人代理行为明显。从“经济人”假设出发，人类行为倾向于个人主义和机会主义，职业经理人会牺牲所有者利益为自己谋求私利。企业进入成熟期时，家族成员管理能力有限，难以满足企业发展的需要，理应设计更为科学的治理模式，因此，引入职业经理人成为必然。此时，家族企业拥有丰富资源，并享有良好的声誉，足以聘请职业经理人担任 CEO。所有者为了让家业长青会和职业经理人形成稳定长期的互信契约关系，以降低所有者和职业经理人的信息不对称水平，消除代理冲突，职业经理人则会更多地表现出“管家”行为。

基于上述分析，提出以下假设：

假设 4 - 2：企业规模会弱化家族化管理和企业绩效的正向关系。

三、家族成员所有权结构、家族化管理和企业绩效

由于家族成员利他行为存在着不对称性，不能简单地将家族成员看成整体分析。家族成员由于家族性产生的非经济目标使他会采取一些于己于人都不利的行为，对家族企业的绩效可能产生影响。贺小刚等（2016）的研究表明，家族内部的“家族性”存在一种亲缘效应，家族内部的所有权分配将影响到企业的治理效率。

当家族成员所有权集中度高时，家族企业缺乏外部的制约，导致家族管理者“自我控制”（Self - control）问题，这种“束缚性家族性”可能会给家族企业带来三类代理问题。第一类代理问题是道德风险，家族管理者像“管家”一样照顾家族成员，使家族成员出现“搭便车”、偷懒等行为。第二类代理问题是“锁定”，一方面，管理者为了家族和谐而不愿开除那些不能胜任工作的家族成员；另一方面，家族成员由于要承担巨大的退出成本，而更不愿离开企业，导致“锁定”问题。第三类代理问题是逆向选择，所有者和管理者在挑选和提拔经理人时，会以血缘和裙带关系为主要的挑选标准，增加了挑选和提拔不称职的经理人的风险，造成优质的职业经理人离开企业，类似“劣币驱逐良币”而导致经理人整体水平不断下降。

家族成员所有权集中度分散时，企业的所有权会涉及多个家庭，这样家族成员之间形成相互制衡，能有效抑制家族内部个人非理性的利他冲动。管理者的利他主义可以强化其对企业产生强烈的组织认同感和组织承诺，使管理者选择“管家”方式管理企业。作为“管家”的管理者要实现自我成就动机，他会加强与家族成员之间的沟通，与家族成员间建立高度信任关系。由于家族企业是建立在家族成员间的共同情感、习惯和“家族”文化等“家族性”的非正式契约基础上，成员间由于家族性资源易达成共识，管理者的决策很容易取得家族成员的支持。家族成员所有权集中度分散的家族企业易形成家族成员参与和公开沟通、充分授权、注重信任的氛围，有效降低组织成员间的协调和监督成本，降低了委托人和代理人间的信息不对称，提高企业潜在的绩效。

基于上述分析，提出以下假设：

假设4－3：家族成员所有权结构会弱化家族化管理和企业绩效的正向关系。

四、规模、家族成员所有权结构、家族化管理和企业绩效

家族化管理与企业绩效之间的关系不仅受规模、家族成员所有权结构的调节效应，还受这两个维度同时作用的影响。从规模、家族成员所有权结构两个方面可以将家族企业分为四种类型，如图4－2所示。

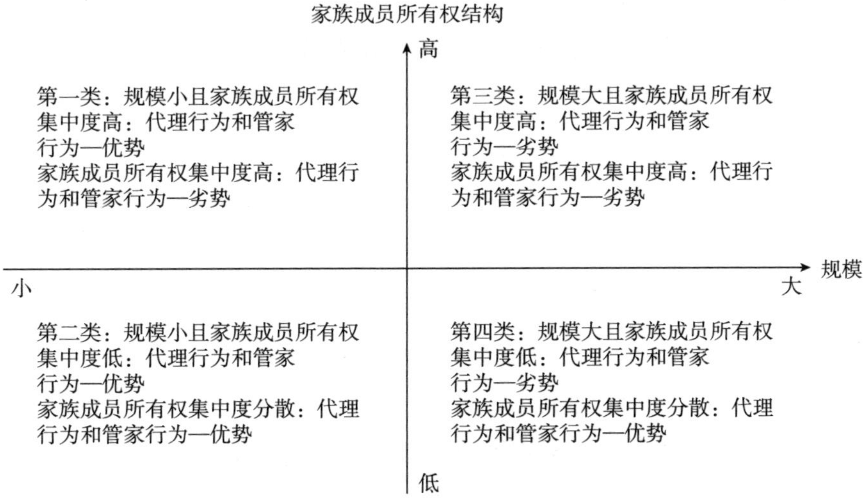

家族成员所有权结构

高

第一类：规模小且家族成员所有权集中度高：代理行为和管家行为—优势
家族成员所有权集中度高：代理行为和管家行为—劣势

第三类：规模大且家族成员所有权集中度高：代理行为和管家行为—劣势
家族成员所有权集中度高：代理行为和管家行为—劣势

小　　大　　规模

第二类：规模小且家族成员所有权集中度低：代理行为和管家行为—优势
家族成员所有权集中度分散：代理行为和管家行为—优势

第四类：规模大且家族成员所有权集中度低：代理行为和管家行为—劣势
家族成员所有权集中度分散：代理行为和管家行为—优势

低

图4－2　四种类型家族企业

当家族企业是第一种类型企业时：规模小，家族成员在家族文化熏陶下往往同心协力，成员间凝聚力很强，相互信任，更多表现为“管家”行为，家族管理者与所有者在“特殊性家族性”影响下目标一致，同时，委托人和代理人之间信息透明，家族化管理体现了代理行为和“管家”行为的优势；家族成员所有权集中度高，家族管理者会产生“自我控制”（Self－control）问题，这种“束缚性家族性”，造成企业资源浪费，代理成本增加，与此同时，家族管理者和委托人之间信息不对称，加剧企业代理问题，家族化管理在规模小情境下的“管家”行为“特殊性家族性”和代理行为优势所获得的收益抵消家族成员所有权集中度高情境下的家族化管理的“自我控制”（Self－control）问题的“束缚性家族性”造成的损失。当家族企业是第二种类型企业时：规模小，家族管理者和所有者利益趋于一致，降低了委托人和代理人信息不对称，家族管理者的代理行为和“管家”行为的优势减少了企业的代理成本；家族成员所有权集中度分散时，家族管理者受到其他家庭的家族成员的监督和制衡，会抑制其“自我控制”（Self－control）问题的“束缚性家族性”，降低代理成本，此时，管理者会为家族声誉以“管家”身份管理企业，实现组织持续发展。在代理理论和管家理论的机理下，家族化管理大大提高企业绩效。当家族企业是第三种类型企业时：规模大，企业业务复杂，人员众多，而家族管理者仍像“管家”一样管理企业，但他的善意往往被其他家族成员利用，家族成员会产生“搭便车”、偷懒等行为，家族管理者由于利他主义会维护这些家族成员，这种“束缚性家族性”造成企业资源浪费。企业规模大，企业信息量多，易产生委托人和代理人信息不对称，代理问题加剧；家族成员所有权集中度高，家族管理者会产生“自我控制”（Self－control）问题的“束缚性家族性”，增加家族成员间信息不对称，委托—代理问题严重。在管家理论和代理理论的机理下，家族化管理的代理行为和“管家”行为的劣势大大降低了企业绩效。当家族企业是第四种类型企业时：规模大，家族管理者的“管家”行为造成更多代理成本，由于业务复杂使管理者和所有者信息不对称，增加代理成本，家族化管理产生更多资源浪费和代理成本；家族成员所有权集中度分散，家族管理者会受到其他家族成员监督和制衡，使他会为了家族利益而努力工作，同时，他与所有者利益趋于一致，此时，家族化管理体现出“管家”行为和代理行为的优势。家族化管理在家族成员所有权集中

度低的情境下所获得的收益抵消家族化管理在规模大情境下的“管家”行为和代理行为劣势所造成的损失。

基于上述分析，提出以下假设：

假设4－4a：家族企业规模小且家族成员所有权集中度高时，家族化管理和职业经理人对公司绩效影响没有显著差异；家族企业规模越小且家族成员所有权集中度越分散时，家族化管理越有利于公司绩效的提高。

假设4－4b：家族企业规模大且家族成员所有权集中度分散时，家族化管理和职业经理人对公司绩效影响没有显著差异；家族企业规模越大且家族成员所有权集中度越高时，家族化管理越不利于公司绩效的提高。

第二节　子承父业的家族化管理和企业绩效关系实证研究

一、研究设计

（一）样本与数据来源

国内部分文献以上市民营公司代替上市家族公司进行研究，并未将民营企业和家族企业区分，针对这一不足，本章对上市家族公司进行了严格定义，具备以下标准的上市公司定义为上市家族企业，以期保证实证结果的有效性：第一，公司年报披露的最终控制人能追溯到家族或自然人；第二，公司的第一大股东对上市公司的控制权≥20%；第三，至少有两位具有亲缘关系的家族成员持股或担任上市公司高管。在此基础上，排除了外资类、集体类、社会团体类和职工持股等非家族企业，删除了2010～2019年数据缺失过多的公司，最后得到246家上市家族公司的2460个观测值。本章的具体数据来源于国泰安CSMAR数据库、WIND数据库、招股说明书及年报，文中相关数据的处理及检验使用Stata15.0统计软件进行分析。

（二）相关变量界定与测量

变量1：企业绩效（ROA）。用总资产收益率ROA衡量上市家族公司的绩效，一方面因为 ROA 很少受企业资本结构的影响；另一方面因为国内外诸多学者均采用 ROA 衡量公司绩效。

变量 2：家族化管理（FCEO）。家族化管理用家族成员出任 CEO 来衡量，即 CEO 是否由家族成员担任，如果是，取值 1，否则取值 0。由于家族企业倾向于隐藏家族信息，本章通过查阅公司历史资料、《新财经》《新财富》以及整理巨潮信息网的相关资料和公司补充披露的家族信息，手工收集相关数据，力图最大限度地揭示家族参与企业管理的情况。

变量 3：企业规模（SIZE）。企业经营规模一般以企业资产总量的自然对数进行衡量。

变量 4：家族成员所有权集中度（VRD）。通过投票权集中度来衡量家族成员所有权集中状况，先将家族成员看成一个整体，计算出整个家族在上市公司的总投票权（vt_i），并依据每个家族成员在该上市公司的持股比例进行分配，求得他们的投票权。为更准确地测量出家族成员的所有权集中度，先将家族成员在上市公司中的投票权转变为家族成员之间的相对比率 vr_i，然后再利用赫芬达尔指数进行测量。用公式表示如下：

$$VRD = \sum_{i=1}^{n} (vr_i)^2 = \sum_{i=1}^{n} (vt_i / \sum_{i=1}^{n} vt_i)^2$$

其中，n 为持有股票权的家族成员人数。

控制变量方面，本书参考王明琳等（2014）的研究，将研发占比（RSALE）、机构投资者持股比例（INS）、业主权威（AU）、参与管理家庭数（NF）、独立董事比率（ITR）、董事长是否由创始人担任（IGEN）作为控制变量，同时，我们还在计量模型中控制了行业（Industry）和年度（Year）。变量具体定义如表 4－1 所示。

表 4－1　变量定义

	名称	符号	定义
因变量	企业绩效	ROA	净利润/期初和期末平均总资产
自变量	家族化管理	FCEO	家族 CEO 为 1；非家族 CEO 为 0

续表

	名称	符号	定义
调节变量	企业规模	SIZE	企业资产总量的自然对数
	家族成员所有权集中度	VRD	$\sum_{i=1}^{n}(vt_i/\sum_{i=1}^{n}vt_i)^2$
	规模和家族成员所有权集中度交互项	SV	SIZE × VRD
控制变量	研发占比	RSALE	R&D 支出/销售收入
	机构投资者持股比例	INS	机构投资者持股数量/总股本
	业主权威	AU	若控制者或其家族成员同时兼任公司的董事长和总经理，取值1，否则取值0
	参与管理家庭数	NF	夫妇与其子女定义为一个家庭
	独立董事比率	ITR	独立董事/董事总人数
	董事长是否由创始人担任	IGEN	董事长若是创始人担任，取值1，否则取值0
	行业哑变量	Industry	制造业按照细类划分
	年度哑变量	Year	年度虚拟变量

（三）模型构建

为检验本章的理论假设，构建了以下四个模型：

$$ROA_{it} = \beta_0 + \beta_1 FCEO_{it} + \beta_2 SIZE_{it} + \beta_3 VRD_{it} + \beta_4 RSALE_{it} + \beta_5 INS_{it} + \beta_6 AU_{it} + \beta_7 NF_{it} + \beta_8 ITR_{it} + \beta_9 IGEN_{it} + \beta_{10} SV_{it} + YearDummy + IndustryDummy + \varepsilon \quad (4-1)$$

$$ROA_{it} = \beta_0 + \beta_1 FCEO_{it} + \beta_2 SIZE_{it} + \beta_3 VRD_{it} + \beta_4 RSALE_{it} + \beta_5 INS_{it} + \beta_6 AU_{it} + \beta_7 NF_{it} + \beta_8 ITR_{it} + \beta_9 IGEN_{it} + \beta_{10} SV_{it} + \beta_{11} FCEOS_{it} + YearDummy + IndustryDummy + \varepsilon \quad (4-2)$$

$$ROA_{it} = \beta_0 + \beta_1 FCEO_{it} + \beta_2 SIZE_{it} + \beta_3 VRD_{it} + \beta_4 RSALE_{it} + \beta_5 INS_{it} + \beta_6 AU_{it} + \beta_7 NF_{it} + \beta_8 ITR_{it} + \beta_9 IGEN_{it} + \beta_{10} SV_{it} + \beta_{11} FCEOS_{it} + \beta_{12} FCEOV_{it} + YearDummy + IndustryDummy + \varepsilon \quad (4-3)$$

$$ROA_{it} = \beta_0 + \beta_1 FCEO_{it} + \beta_2 SIZE_{it} + \beta_3 VRD_{it} + \beta_4 RSALE_{it} + \beta_5 INS_{it} + \beta_6 AU_{it} + \beta_7 NF_{it} + \beta_8 ITR_{it} + \beta_9 IGEN_{it} + \beta_{10} SV_{it} + \beta_{11} FCEOS_{it} + \beta_{12} FCEOV_{it} + \beta_{13} FCEOSV_{it} + YearDummy + IndustryDummy + \varepsilon \quad (4-4)$$

其中，ROA 为企业绩效，FCEO 为家族化管理，SIZE 为企业规模，VRD 为家族成员所有权集中度，RSALE 为企业的研发占比，INS 为企业机构投资者持股比例，AU 为家族企业的业主权威，NF 为家族企业中参与管理家庭数，ITR 为企业独立董事比率，IGEN 为董事长是否由创始人担任，SV 为规模和家族成员所有权集中度交互项，FCEOS 为家族化管理和规模的交互项，FCEOV 为家族化管理和家族成员所有权集中度交互项，FCEOSV 为家族化管理、企业规模和家族成员所有权集中度的交互项。

二、实证分析结果

（一）描述性统计分析与相关性分析

1. 描述性统计分析

所有变量的平均值（Mean）、标准差（SD）、中位数（Median）、最大值（Max）和最小值（Min）如表 4－2 所示。总体上看，上市家族公司家族参与管理现象较为普遍。具体来说，家族化管理占比为 58.5%，每个家族企业中平均有 1.967 个家庭参与企业管理，创始人是董事长的占比为 85.3%。本章以企业规模和家族成员所有权集中度两个维度对家族企业进行分类。家族企业规模的最大值是 25.056（即资产总值为 761.522 亿元），最小值是 19.126（即资产总值为 2.024 亿元），家族成员所有权集中度最大值是 1，最小值是 0.156，两个指标的最大值和最小值差距很大。因此，我们选取这两个指标的中位数作为家族企业的“分水岭”。即家族企业规模大于 21.357（即资产总值为 18.846 亿元）的企业，为规模大的企业，否则为规模小的企业；家族企业家族成员所有权集中度大于 0.710 的企业，为家族成员所有权集中度高的企业，否则为家族成员所有权集中度分散的企业。

表 4－2　相关变量描述性统计分析

变量	平均值	标准差	中位数	最大值	最小值
企业绩效	0.057	0.058	0.052	0.303	－0.371
研发占比	0.036	0.072	0.024	0.984	0
机构投资者持股比例	0.042	0.045	0.026	0.229	0
业主权威	0.319	0.466	0	1	0

续表

变量	平均值	标准差	中位数	最大值	最小值
参与管理家庭数	1.967	0.918	2	7	1
独立董事比率	0.374	0.054	0.333	0.667	0.25
董事长是否由创始人担任	0.853	0.359	1	2	0
家族化管理	0.585	0.493	1	1	0
企业规模	21.522	0.990	21.357	25.056	19.126
家族成员所有权集中度	0.707	0.237	0.710	1	0.156

2. 相关性分析

从表4-3中可以看出资产收益率ROA与家族化管理、企业规模和家族成员所有权集中度相关系数为0.015、0.065、-0.032，并且通过0.1水平的显著性检验，初步验证了假设4-1，在控制了企业规模和家族成员所有权集中度等变量的情况下，家族化管理和公司绩效正相关。在控制其他变量后，本章将对面板数据进行时间固定效应回归，进一步检验家族化管理与企业绩效的相关性。同时，表4-3显示了所有解释变量和控制变量之间不存在相关系数过高的问题，且解释变量的方差膨胀因子（VIF）均小于2，说明不存在明显的多重共线性。

（二）多元变量回归分析

表4-4是对总体样本进行多元回归分析的统计结果。为了验证假设，我们采用了面板数据固定效应回归，从检验结果可以看出，所有模型都具有很好的拟合效度。模型（4-1）是仅包括控制变量和调节变量的家族化管理与企业绩效关系的基础模型，家族化管理（FCEO）与企业绩效（ROA）系数为0.036，并通过0.05水平的显著性检验，进一步验证了假设4-1，家族化管理对企业绩效有积极影响。模型（4-2）加入了家族化管理（FCEO）和企业规模（SIZE）的交互项（FCEOS），系数为-0.019，并在0.1水平上显著，验证了假设4-2，即家族企业规模（SIZE）会弱化家族化管理（FCEO）和企业绩效（ROA）的正向关系。模型（4-3）加入了家族化管理（FCEO）和家族成员所有权集中度（VRD）的交互项（FCEOV），系数为-0.075，并在0.1水平上显著，验证了假设4-3，即家族成员所有权集中度（VRD）弱化家族化管理（FCEO）和企业绩效（ROA）的正向关系。模型（4-4）加入了企业规模（SIZE）和家族成员所

表 4－3　变量 Pearson 相关性分析结果

变量	企业绩效	研发占比	机构投资者持股比例	业主权威	参与管理家庭数	独立董事比率	董事长是否由创始人担任	家族化管理	企业规模	家族成员所有权集中度
企业绩效	1									
研发占比	－0.023	1								
机构投资者持股比例	0.299***	－0.159	1							
业主权威	0.089**	0.081**	0.077**	1						
参与管理家庭数	－0.039	0.054	0.118***	－0.092**	1					
独立董事比率	0.069	0.067	0.119***	0.243***	－0.05	1				
董事长是否由创始人担任	0.009	0.017	－0.037	0.144***	0.029	－0.003	1			
家族化管理	0.015*	0.107**	0.028	0.579***	0.25***	0.142***	0.15**	1		
企业规模	0.065*	－0.152**	0.157***	－0.155***	－0.026	－0.007	0.003	－0.134**	1	
家族成员所有权集中度	－0.032*	－0.069*	－0.034	－0.044	－0.102***	－0.049	－0.011	－0.038	0.104***	1

注：***、**、*分别表示通过显著性水平为1%、5%、10%的双尾检验。

表 4-4　回归结果

	模型（4-1） 企业绩效	模型（4-2） 企业绩效	模型（4-3） 企业绩效	模型（4-4） 企业绩效
研发占比	-0.462*** (0.060)	-0.461*** (0.060)	-0.449*** (0.061)	-0.449*** (0.061)
机构投资者持股比例	0.001 (0.001)	0.001 (0.001)	0.001 (0.001)	0.001 (0.001)
业主权威	-0.018 (0.016)	-0.025 (0.016)	-0.028* (0.017)	-0.024 (0.017)
参与管理家庭数	-0.007 (0.007)	-0.007 (0.006)	-0.007 (0.006)	-0.007 (0.006)
独立董事比率	0.027 (0.067)	0.028 (0.067)	0.029 (0.066)	0.031 (0.066)
董事长是否由创始人担任	0.029* (0.015)	0.029** (0.015)	0.029** (0.015)	0.029** (0.015)
企业规模	0.029** (0.012)	0.032** (0.012)	0.031*** (0.012)	0.038*** (0.012)
家庭成员所有权集中度	1.242*** (0.414)	1.025** (0.432)	1.039** (0.431)	1.344*** (0.460)
规模×家庭成员所有权集中度	-0.058*** (0.019)	-0.048** (0.020)	-0.048** (0.020)	-0.062*** (0.021)
家族化管理	0.036** (0.017)	0.461* (0.246)	0.547** (0.252)	1.763** (0.699)
家族化管理×企业规模	—	-0.019* (0.012)	-0.022* (0.012)	-0.079** (0.033)
家族化管理×家庭成员所有权集中度	—	—	-0.075* (0.046)	-1.922** (0.993)
家族化管理×规模× 家庭成员所有权集中度	—	—	—	0.088* (0.047)
常数项	-0.576** (0.251)	-0.604** (0.251)	-0.633** (0.251)	-0.785*** (0.263)
年份	控制	控制	控制	控制
行业	控制	控制	控制	控制

续表

	模型（4－1） 企业绩效	模型（4－2） 企业绩效	模型（4－3） 企业绩效	模型（4－4） 企业绩效
R－squared	0.162	0.167	0.172	0.179
F	8.57***	8.10***	7.68***	7.40***
样本数	246	246	246	246

注：①***、**、*分别表示通过显著性水平为1%、5%、10%的双尾检验；②为去除多重共线性影响，所有交互项均进行了中心化处理。

有权集中度（VRD）的调节效应的检验，家族化管理（FCEO）与企业规模（SIZE）、家族化管理（FCEO）与家族成员所有权集中度（VRD）的交互项，系数为负且通过0.05水平下的t检验，家族化管理（FCEO）与企业规模（SIZE）、家族成员所有权集中度（VRD）的交互项，系数为正且通过0.1水平下的t检验，说明家族化管理与企业绩效的关系还要考虑企业规模和家族成员所有权集中度的共同作用。

为了验证假设4－4a和假设4－4b，本章采用象限分析框架，将处于不同象限的企业分组进行固定效应回归分析，如表4－5所示。当家族企业规模小且家族成员所有权集中度高时，家族化管理与企业绩效的系数在0.05的显著水平上为正，说明家族化管理能够提高企业绩效。当家族企业规模小且家族成员所有权集中度分散时，家族化管理与企业绩效的系数为正但不显著，说明家族化管理与职业经理人对企业绩效的影响没有显著差别，假设4－4a没有得到支持。当家族企业规模大且家族成员所有权集中度高时，家族化管理与企业绩效的系数在0.05的显著水平上为负，说明家族化管理降低了企业绩效，即家族化管理不利于企业绩效的提高。当家族企业规模大且家族成员所有权集中度分散时，家族化管理与企业绩效的系数为负但不显著，说明家族化管理与职业经理人对企业绩效的影响没有显著差别，假设4－4b得到支持。

本章认为假设4－4a没有得到支持的原因可能是，中国上市家族企业中总资产在18亿元以下（即SIZE <21.357）的小型企业，大多数是夫妻店发展起来的（2014年福布斯中国家族企业调查报告显示，上市家族企业中夫妻关系比例高达45.9%），家族成员所有权集中度较高（数据显示VRD平均数0.707），家族管

表4-5 四种类型企业家族管理与绩效回归结果分析

	解释变量：企业绩效			
	规模<21.357 VRD>0.710	规模<21.357 VRD<0.710	规模>21.357 VRD>0.710	规模>21.357 VRD<0.710
研发占比	-0.418*** (0.093)	-0.773*** (0.121)	0.127 (0.170)	-0.035 (0.077)
机构投资者持股比例	-0.001 (0.001)	-0.001 (0.002)	0.003*** (0.001)	0.004*** (0.001)
业主权威	0.039* (0.023)	-0.011 (0.055)	0.023* (0.014)	0.008 (0.016)
参与管理家庭数	-0.009 (0.013)	-0.002 (0.013)	0.010* (0.005)	-0.002 (0.008)
独立董事比率	0.194* (0.099)	-0.043 (0.155)	-0.027 (0.073)	0.234** (0.101)
董事长是否由创始人担任	0.002 (0.018)	0.031 (0.038)	0.029** (0.012)	-0.016 (0.023)
家族化管理	0.044** (0.022)	0.040 (0.064)	-0.028** (0.013)	-0.003 (0.016)
常数项	0.003 (0.048)	0.068 (0.082)	0.010 (0.031)	-0.026 (0.044)
年份	控制	控制	控制	控制
行业	控制	控制	控制	控制
F	4.05***	7.41***	24.61***	22.87***
样本数	73	71	73	68
R-squared	0.222	0.353	0.013	0.054

注：***、**、*分别表示通过显著性水平为1%、5%、10%的双尾检验。

理者和所有者一般是夫妻、父子或父女等关系，这样会使“特殊性家族性”优势增强，家族企业文化强化管理者的“管家”行为会提升家族成员的家族归属感，家族成员对企业有很强的责任感。另外，管理者为实现自身成就动机和社会动机，会将家族声誉和企业声誉紧密连接，就会减少管理者的“自我控制”所产生的“束缚性家族性”的负面影响，大大降低企业的代理成本。因此，家族化管理大大提高了公司绩效。而当上市家族企业规模小且家族成员所有权集中度分散时，家族管理者会用“管家”身份来经营企业，降低了委托—代理成本，由于所有权结构分散，涉及多个家庭，家族管理者会为了自身小家庭利益与其他家族成员产生冲突，家族成员间的内耗增加了企业的代理成本，家族管理者的“管家”行为获得的收益抵消了家族成员间内耗增加的代理成本。因此，家族化管理与职业经理人对企业绩效的影响没有显著差别。

（三）稳健性检验

为增强研究结果的说服力，本章对家族临界控制权和企业绩效分别进行稳健性检验。不同学者采用不同的临界控制权来界定家族企业，Maury（2006）是以10%的控制权为基准；Faccio 等（2002）是以 20% 的控制权为标准。本章选取20%作为临界点，为进一步考察不同比例的临界控制权界定家族企业是否对结论有影响，稳健性检验时将临界控制权降为 10%，模型主要的估计结果并无明显变化，个别模型的显著水平有所提高。因此，在一定范围内，放宽临界控制权，本章结论依然成立。本章还选择了反映市场价值的托宾 Q 代替资产收益率 ROA 衡量企业绩效，回归结果表明，虽然个别结论的显著性有所降低，但主要结论并没有受到影响。上述的检验表明，相关结论具有良好的稳健性。

第三节　总结子承父业的家族化管理和企业绩效的关系

一、主要结论

家族参与管理与企业绩效的关系至今没有一致性结论，主要原因是家族企业具有异质性（Heterogeneity），“家族性”会产生两种类型：“特殊性家族性”和“束缚性家族性”，要根据具体情况来界定到底是哪一种“家族性”。本章以严格定义的上市家族公司为研究样本，在控制了企业和行业特征的情况下，用代理理论和管家理论深入分析了在不同类型的家族企业中家族化管理这种“特殊性家族性”对企业绩效的影响是有差异的。本章通过理论分析和实证检验得到以下结论：第一，在规模维度上，企业规模对家族化管理与企业绩效的关系有负向调节

作用。当企业规模小时，家族所有者和管理者目标一致，管理者像“管家”一样努力工作，会将自身所具有的“家族性”隐性知识和管理能力充分发挥，提升家族企业家族性的竞争优势，家族化管理体现出代理行为和“管家”行为的优势；随着企业规模的增大，业务变复杂，需要专业管理人员经营企业，所有者从企业发展角度会聘请职业经理人出任 CEO，职业经理人通过这个平台来实现自我价值，会更多表现“管家”行为。而家族成员由于知识和能力有限，加之裙带关系，他会利用企业资源为家族利益进行转移支付，此时，家族管理者由“管家”变成了“代理人”，增加了企业的代理成本。因此，企业规模弱化家族化管理和企业绩效的正向关系。第二，在家族成员所有权结构维度上，家族成员所有权集中度对家族化管理与企业绩效的关系有负向调节作用。家族成员所有权集中度高时，家族企业缺乏有效的监督机制，使家族管理者会产生“自我控制”（Self－control）等“束缚性家族性”，增加了家族管理者的道德风险、锁定和逆向选择等代理成本，家族管理者的“管家”行为产生更多代理成本，表现出其劣势，家族成员所有权结构弱化了家族化管理和企业绩效的正向关系。第三，在规模和家族成员所有权结构两个维度上，当家族企业规模小且家族成员所有权集中度高时，家族化管理有利于企业绩效的提升。在家族企业规模小且家族成员所有权集中度分散和家族企业规模大且家族成员所有权集中度分散这两种情况下，家族化管理与职业经理人对企业绩效的影响没有显著差异。当家族企业规模大且家族成员所有权集中度高时，家族化管理在代理理论和管家理论的机理下，表现出代理行为和“管家”行为的劣势，不利于企业发展，此时，家族企业应该引入职业经理人出任 CEO。

二、理论贡献

以往家族企业治理实证研究文献聚焦于代理理论或管家理论，本章结合了代理理论和管家理论，研究了企业规模、家族成员所有权结构对家族化管理与企业绩效的关系的调节作用，研究结果对家族企业领域文献有所贡献。本章发现，企业规模和家族成员所有权结构对家族化管理与企业绩效的关系有负向调节作用，以企业规模和家族成员所有权结构维度界定不同类型的家族企业，家族化管理对企业绩效的影响也有所不同。研究结果的一个重要理论启示是，由于“家族性”

两面作用使得家族化管理与企业绩效的关系不是简单的正向关系或负向关系。对于企业规模和家族成员所有权结构不同的家族企业，家族成员出任 CEO 所表现出来的代理行为和“管家”行为也有差别，因为委托—代理和委托—管家两种行为同时存在，需要将代理理论和管家理论结合进行分析，并从家族企业整体角度考虑，这样使得实证结果更为全面和客观。必须明确代理理论和管家理论本身并没有孰优孰劣，而是在分析家族化管理时，家族成员出任 CEO 在不同情境下表现出的代理行为和“管家”行为是有优劣的。

三、现实启示

研究结果显示，企业规模、家族成员所有权结构对家族化管理与企业绩效的关系起着调节作用，因此，研究对家族企业实践者的一个重要启示是：不同类型的家族企业，家族治理机制也不同。家族企业具有异质性（Heterogeneity），从企业规模和家族成员所有权结构两个维度可以将家族企业分为不同类型。当企业规模小且家族成员所有权结构分散时，家族化管理具有优势，反之，职业经理人具有优势；当企业规模小且家族成员所有权结构集中时，家族化管理具有优势；当企业规模大且家族成员所有权结构集中时，家族化管理在代理理论和管家理论的机理下，表现出代理行为和“管家”行为的劣势，不利于企业发展，此时，家族企业应该引入职业经理人出任 CEO。

四、局限及未来研究方向

本章对于家族化管理的测量有所局限，将家族化管理操作化定义为家族成员出任 CEO，即便这个测量方法得到一些有价值的结论，但家族化管理的内容比较宽泛，具有多个构成维度，我们只关注其中一个核心维度，也许不能完全涵盖家族化管理的概念，今后的研究应该全面考虑各个维度的影响。另外，由于本章采用严格家族企业定义界定研究样本，有部分上市公司被排除，有些内容不能深入研究，比如，研究家族成员担任董事长和家族成员出任 CEO 对企业绩效的影响有何不同。与此同时，学者也开始关注家族企业在 IPO 过程中，引入专业风险资本后，家族化管理对企业战略决策的影响等问题。本章只是起抛砖引玉的作用，期待学者们不断对此研究主题进行深化、扩展和完善。

第五章　家族企业子承父业模式劣势分析

随着家族企业的崛起，不少学者关注家族化管理和企业价值之间的关系。在主流代理理论框架下，依据 Jensen 和 Meckling 的代理模型及其假定，Davis 等（1997）认为家族企业经营模式有利于简化代理关系，降低代理成本。据此，学者提出家族企业是一种低成本组织形式。然而，这个观点不能解释现实中频频发生的家族企业的代理冲突问题，“真功夫”中式快餐连锁企业家族内部的“束缚性家族性”代理冲突就是一个典型案例。目前，有不少学者注意到代理理论所存在的缺陷，试图将家族中普遍存在的利他主义等“束缚性家族性”纳入家族企业研究的基本假设框架中，弥补代理理论的推理缺陷。代理理论低估了家族企业的“束缚性家族性”，仅依靠代理理论来分析家族企业的利他主义等“束缚性家族性”是远远不够的，利他主义明显增加了代理问题的复杂性。Schulze 等（2001）认为，家族企业存在“所有者控制”“所有者管理”和“利他主义”三大特征，会产生一系列特殊的代理问题。

“束缚性家族性”的利他主义在家族企业的重要性不容忽视。因此，将利他主义引入家族企业的委托—代理问题研究不仅有必要，而且还具有理论上的可行性。虽然利他主义在家族企业的代理关系有积极一面，比如家族成员相互体谅，并对家族、企业忠诚和勇于承担义务，但利他主义也会造成更多消极面，如家族企业的逆向选择问题、家族成员的逃避责任行为、子女对父母的过度依赖等。Schulze 等（2003）分析了企业主与家族管理者之间的代理冲突，认为利他主义行为本身就会产生代理成本，降低企业价值。王明琳等（2006）认为家族企业内部的利他主义加剧了业主和家族经理人之间的代理问题。

在经济转型过程中，中国一些家族企业在规模和效益上都取得了长足的进步，越来越多的家族企业通过资本市场取得上市资格，上市家族企业已成为市场经济发展的重要力量。加之家族成员利他行为带来的“束缚性家族性”，不能简单地将家族成员看成整体分析。本书主要分析在不同情境下的家族企业，利他主义带来的“束缚性家族性”对企业价值的影响。在家族企业成长的不同阶段，利他主义对企业价值的影响作用是否相同？在家族成员所有权集中度不同时，利他主义对企业价值的影响作用是否有差异？家族企业类型不同时，这些问题又会有什么变化？下文试图解答上述几个紧密联系的问题。

第一节　子承父业的利他主义对家族企业的影响

一、利他主义与家族企业代理问题

从经济学的角度来看，利他主义是指行为主体出于提高自身效用的考虑，为提高他人福利而牺牲自己利益的行为。由于利他行为带来的“束缚性家族性”，家族企业管理者会利用企业资源进行转移支付，家族内部成员会有“搭便车”、偷懒等损害企业绩效的行为，因此，利他主义行为本身就会产生代理成本。基于行为经济学视角的研究发现，利他主义可能导致业主的“自我控制”问题恶化。Thaler 和 Shefrin（1981）认为，自我控制是指人们因为有限理性或人性弱点所产生的一些不仅危害自己而且还会危害组织的行为，在缺乏外部监督的情况下，这种非理性的个人行为会给家族企业造成损失。图 5 – 1 体现了利他主义对家族企业代理问题的影响路径。在家族企业中，业主自我约束水平较低，缺乏外部的制约，在情感、环境等因素影响下，家族管理者由于“家族性”产生非经济动机，他倾向于投资只有自己感兴趣而其他家族成员并不认为是最佳的项目。家族利他主义通过影响企业所有者和管理者的行为，可能会给家族带来三类代理问题。第一类代理问题是道德风险，利他主义使家族成员出现“搭便车”、偷懒等行为。第二类代理问题是“锁定”，一方面，利他主义使管理者不愿开除那些工作能力差的家族成员，保护家族成员的利益，但严重损害企业利益；另一方面，家族成员由于要承担巨大的退出成本，而更不愿离开企业，导致“锁定”问题。第三

类代理问题是逆向选择，利他主义使所有者在挑选和提拔管理者时，会以血缘和裙带关系为主要的挑选标准，增加了挑选和提拔不称职的家族管理者的风险，造成优质的职业经理人离开企业，类似“劣币驱逐良币”而导致经理人整体水平不断下降。这三类代理成本会影响家族企业的良性发展，降低企业绩效。

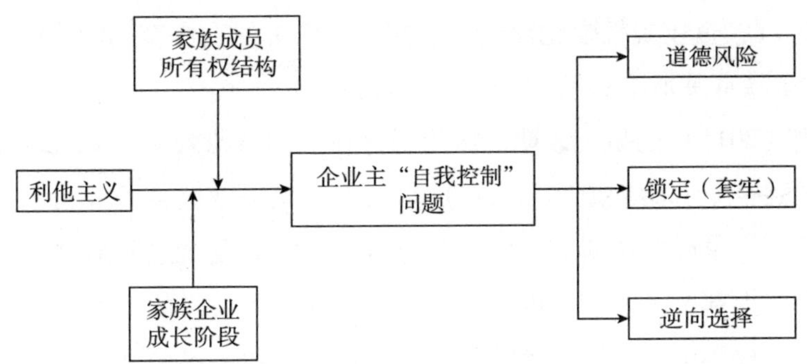

图5-1 利他主义对家族企业代理关系的作用机理

二、研究假设提出

（一）企业规模、利他主义和企业价值

Becker（1974）指出，利他主义行为在市场中缺乏效率。在某种情况下，如果企业主和家族成员之间的利他主义程度不对称，反而会引发“撒玛利亚人困境”。因此，不对称的利他主义不仅无法产生积极效应，反而会使家族内部的代理问题恶化。利他主义会使企业主产生“自我控制”问题。在创业和发展初期，家族福利和企业利益几乎重合，家族利他主义行为的消极作用不明显。但在企业发展壮大，家族不对称利他主义对家族的负向影响体现在以下方面：第一，引发家族成员的道德风险。企业成长意味着企业资产和规模的增加，利他主义促使家族管理者利用企业资源对家族成员进行转移支付，家族成员即使不努力工作也可以照样分享企业收益。第二，导致“套牢”行为。随着企业规模的扩大，利他主义迫使企业主牺牲企业效率换取家族福利。当企业需要寻找接班人时，利他主义会使企业主倾向于从家族成员内部选择接班人，家族裙带关系迫使一些不愿意

从事管理工作的家族成员参与家族管理，导致企业主对家族成员的“套牢”。第三，导致逆向选择问题。随着家族企业规模的扩大，管理层的职位增加，需要引进外部管理者。但利他主义使企业主挑选管理者范围仅限于家族内部，因此挑选到不合适的管理者的可能性增加。

基于上述分析，提出以下假设：

假设5－1：企业规模强化家族企业的利他主义程度和市场价值的反向关系。

（二）家族成员所有权结构、利他主义和企业价值

贺小刚（2011）的研究表明家族内部存在一种亲缘效应，家族内部的所有权分配将影响到企业的治理效率。家族成员所有权集中度也会调节利他主义和企业价值的关系。当家族成员所有权集中度分散时，家族成员之间形成相互制衡，能有效抑制家族内部个人非理性的利他冲动，家族利他主义的负面效应不明显。当家族成员所有权集中度高时，家族利他主义促使企业主不愿开除那些不能胜任工作的家族成员，使不努力工作的家族成员仍然能分享企业收益；企业在挑选和提拔管理者时，会以血缘和裙带关系为主要的挑选标准，增加了挑选和提拔不称职的家族管理者的风险，家族利他主义增加道德风险、套牢和逆向选择的可能性，由此所产生的代理成本也增加，降低企业价值。

基于上述分析，提出以下假设：

假设5－2：家族成员所有权集中度强化家族企业的利他主义程度和市场价值的反向关系。

（三）创业型家族企业利他主义和企业价值

家族企业和非家族企业的简单两分法已经无法满足研究的需要。La Porta等（1999）第一次将上市公司划分为股权分散型与股权控制型两类。本章沿着La Porta等的思路，将股权控制型家族分为创业型和非创业型两大类，上市家族企业相应地划分为创业型家族企业（Founding Family Business，FFB）和非创业型家族企业（N－FFB），系统比较两者在利他程度和企业价值关系的差异性。本章认为同时具备以下四个特征的企业被称为创业型家族企业：第一，企业最终控制者追踪到自然人或家族；第二，最终控制者必须是被投资上市公司第一大股东；第三，上市公司的实际控制性家族是公司核心业务的创立者；第四，控制性家族业主或家族成员目前在上市企业任高管职务，或者在上市企业的主要控股公

司任高管职务。在创业型家族企业中，家族企业创始人与家族企业继承人之间更容易形成不对称利他，不对称利他对于家族企业内外代理冲突具有重大的影响。随着企业规模的增大，信息不对称越来越明显，道德风险和逆向选择引发了创始人和家族成员之间的冲突，降低企业绩效。在创业型家族企业中，创始人和家族成员的所有权集中度高，家族利他主义行动有可能导致“自我控制”问题，促使家族成员管理者变成一个具有道德风险的代理人。利他主义促使家族经理人利用企业资源进行转移支付，导致诸如道德风险、套牢、逆向选择等代理冲突恶化。

基于上述分析，提出以下假设：

假设5－3：创业型家族企业规模越大，利他主义程度越不利于市场价值的提高。

假设5－4：创业型家族企业家族成员所有权集中度越集中，利他主义程度越不利于市场价值的提高。

第二节　子承父业的利他主义与企业绩效关系实证研究

一、样本选择与数据来源

本章选取2010～2019年沪、深两市交易所上市的家族企业为研究样本，家族企业的控制权临界值为20%，并进行如下筛选：排除了外资类、集体类、社会团体类和职工持股类非家族企业；剔除2010～2019年ST类的上市公司；删除了数据缺失较多的上市公司，最后得到并确认的有效样本数为246个。样本公司的财务数据来自国泰安（CSMAR）数据库。数据处理采用Excel软件和Stata15.0统计软件。

二、模型设计和研究变量

本章使用模型（5－1）为基础模型。

$$Tobin's\ Q_{it} = \beta_0 + \beta_1 AL_{it} + \beta_2 SIZE_{it} + \beta_3 VRD_{it} + \beta_4 RSALE_{it} + \beta_5 INS_{it} + \beta_6 AU_{it} + \beta_7 FCEO_{it} + \beta_8 ITR_{it} + \varepsilon \quad (5-1)$$

在基础模型中加入规模调节变量。验证假设5-1和假设5-3。

$$Tobin's\ Q_{it} = \beta_0 + \beta_1 AL_{it} + \beta_2 SIZE_{it} + \beta_3 VRD_{it} + \beta_4 RSALE_{it} + \beta_5 INS_{it} + \beta_6 AU_{it} + \beta_7 FCEO_{it} + \beta_8 ITR_{it} + \beta_9 AL_{it} \times SIZE_{it} + \varepsilon \quad (5-2)$$

在基础模型中加入家族成员所有权集中度调节变量。验证假设5-2和假设5-4。

$$Tobin's\ Q_{it} = \beta_0 + \beta_1 AL_{it} + \beta_2 SIZE_{it} + \beta_3 VRD_{it} + \beta_4 RSALE_{it} + \beta_5 INS_{it} + \beta_6 AU_{it} + \beta_7 FCEO_{it} + \beta_8 ITR_{it} + \beta_9 AL_{it} \times SIZE_{it} + \varepsilon \quad (5-3)$$

变量1：企业价值（Tobin's Q）。用Tobin's Q衡量上市家族企业价值。公式为Tobin's Q＝［流通股股数×流通股股价＋（总股数－流通股股数）×流通股股价×（1－82%）＋负债的账面价值］/资产的账面价值。

变量2：利他主义（AL）。由于利他主义无法直接测量，本章用家族成员占企业高管（包括董事和高级经理人员）比例的间接度量的方法来衡量利他主义程度。

变量3：企业规模（SIZE）。企业经营规模一般以企业资产总量的自然对数进行衡量。

变量4：家族成员所有权集中度（VRD）。先通过投票权集中度计算出整个家族在上市公司的总投票权（vt_i），再依据家族成员的持股比例进行分配，求得每个成员的投票权。最后用赫芬达尔指数进行测量。公式为 $VRD = \sum_{i=1}^{n}(vr_i)^2 = \sum_{i=1}^{n}(vt_i/\sum_{i=1}^{n}vt_i)^2$。其中，n为持有股票权的家族成员人数。

根据已有文献和相关理论，本章有以下控制变量：研发占比（RSALE）、机构投资者持股比例（INS）、业主权威（AU）、家族成员出任CEO、独立董事比率（ITR）。变量具体定义如表5-1所示。

表5-1 变量定义

变量	名称	符号	说明
因变量	企业价值	Tobin's Q	［流通股股数×流通股股价＋（总股数－流通股股数）×流通股股价×（1－82%）＋负债的账面价值］/资产的账面价值

续表

变量	名称	符号	说明
自变量	利他主义	AL	家族成员/企业高管（包括董事和高级经理人员）
调节变量	企业规模	SIZE	企业资产总量的自然对数
	家族成员所有权集中度	VRD	$\sum_{i=1}^{n}(vt_i/\sum_{i=1}^{n}vt_i)^2$
控制变量	研发占比	RSALE	R&D 支出/销售收入
	机构投资者持股比例	INS	机构投资者持股数量/总股本
	业主权威	AU	若控制者或其家族成员同时兼任公司的董事长和总经理，取值 1，否则取值 0
	家族成员出任 CEO	FCEO	家族 CEO 为 1；非家族 CEO 为 0
	独立董事比率	ITR	独立董事/董事总人数

三、描述性统计分析与相关分析

总体而言，在 246 家企业中，有 17.9% 企业的高管职务来自控制性家族，31.8% 企业的董事长和总经理同时由控制者或其主要家族成员担任，58.2% 企业的 CEO 来自于家族成员（见表 5－2）。从数据来看，家族企业的家族管理较为普遍，因此，家族利他主义对企业价值的影响不容忽视。

表 5－2　246 家上市家族企业的整体统计描述

变量	平均数	标准差	最小数	中位数	最大数
企业价值	1.966	1.369	0.459	1.590	21.896
利他主义	0.179	0.081	0.040	0.167	0.583
企业规模	21.529	0.990	19.126	21.357	25.056
家庭成员所有权集中度	0.711	0.237	0.156	0.710	1.000
研发占比	0.037	0.075	0.000	0.024	0.984
机构投资者持股比例	4.137	4.469	0.000	2.575	22.870
业主权威	0.318	0.466	0.000	0.000	1.000
家族成员出任 CEO	0.582	0.494	0.000	1.000	1.000
独立董事比率	0.374	0.054	0.250	0.333	0.667

在 246 家企业中，创业型家族企业有 143 家，占总数的 58. 1%；非创业型家族企业有 103 家，占总数的 41. 9%。尽管两者都属于家族企业，但对照表 5 –3 和表 5 –4 发现，除了企业规模、家族成员所有权集中度、研发占比和独立董事比率 4 个变量较为接近外，其余特征存在明显差异。

表 5 –3　143 家 FFB 的统计描述

变量	平均数	标准差	最小数	中位数	最大数
企业价值	1. 886	1. 294	0. 459	1. 570	21. 896
利他主义	0. 181	0. 081	0. 056	0. 167	0. 583
企业规模	21. 449	0. 885	19. 213	21. 316	24. 889
家庭成员所有权集中度	0. 690	0. 232	0. 156	0. 660	1. 000
研发占比	0. 035	0. 049	0. 000	0. 029	0. 429
机构投资者持股比例	4. 099	4. 382	0. 000	2. 570	22. 870
业主权威	0. 375	0. 484	0. 000	0. 000	1. 000
家族成员出任 CEO	0. 622	0. 485	0. 000	1. 000	1. 000
独立董事比率	0. 376	0. 057	0. 250	0. 333	0. 667

表 5 –4　103 家 N –FFB 的统计描述

变量	平均数	标准差	最小数	中位数	最大数
企业价值	2. 192	1. 551	0. 617	1. 645	12. 082
利他主义	0. 101	0. 081	0. 040	0. 167	0. 417
企业规模	21. 755	1. 210	19. 126	21. 583	25. 056
家族成员所有权集中度	0. 774	0. 242	0. 216	0. 866	1. 000
研发占比	0. 042	0. 125	0. 000	0. 007	0. 984
机构投资者持股比例	4. 214	4. 696	0. 000	2. 599	19. 190
业主权威	0. 154	0. 362	0. 000	0. 000	1. 000
家族成员出任 CEO	0. 467	0. 500	0. 000	0. 000	1. 000
独立董事比率	0. 366	0. 045	0. 250	0. 333	0. 571

创业型家族企业中的利他主义程度（AL）要比非创业型家族企业更明显，从表 5 –3、表 5 –4 可知，创业型家族企业中有 18. 1% 的高管是具有血亲关系的家族成员，而在非创业型家族企业中有 10. 1%。同时业主权威（AU）对创业型

家族企业的影响也要比非创业型家族企业更加广泛和深刻，创业型家族企业有37.5%的董事长和总经理同时由控制者或家族成员兼任；而在非创业型家族企业中有15.4%。在创业型家族企业中有62.2%的企业家族成员出任CEO，而在非创业型家族企业中有46.7%。以上数据也反映出创业型家族企业的所有权、控制权和经营权集中程度相对较高，非创业型家族企业则明显呈现出控制权和管理权分离的倾向。

相关研究变量的Pearson分析如表5－5所示。

表5－5　变量Pearson相关性分析结果

变量	企业价值	利他主义	企业规模	家族成员所有权集中度	研发占比	机构投资者持股比例	业主权威	家族成员出任CEO	独立董事比率
企业价值	1								
利他主义	-0.045*	1							
企业规模	-0.287***	-0.053**	1						
家族成员所有权集中度	0.022*	-0.085***	0.053**	1					
研发占比	0.077***	-0.004	-0.156***	-0.102***	1				
机构投资者持股比例	0.159***	-0.067***	0.167***	-0.020	0.016	1			
业主权威	0.037	0.0412	-0.080***	-0.032	0.099***	0.0.040**	1		
家族成员出任CEO	-0.010	0.195***	-0.070***	-0.019	0.086***	0.0.015	0.265***	1	
独立董事比率	0.038*	0.032	-0.011	-0.010	0.063***	0.0.060***	0.097***	0.059***	1

注：***、**、*分别表示通过显著性水平为1%、5%、10%的双尾检验。

表5－5结果显示企业价值Tobin's Q与利他主义和家族成员所有权集中度相关系数为－0.045、0.022，并且通过0.1水平的显著性检验，与企业规模、研发占比和机构投资者持股比例相关系数为－0.287、0.077、0.159，并且通过0.01水平的显著性检验，但所有解释变量和控制变量之间不存在相关系数过高的问题，解释变量的方差膨胀因子（VIF）均小于2，说明变量间不存在明显的多重

共线性。在控制其他变量后，本章将对面板数据进行时间固定效应回归，进一步检验研究假设。

四、多元回归分析

表5－6是总体样本进行多元回归分析的结果。为检验假设，采用面板数据固定效应回归，从显示结果看，所有模型都具有良好的拟合效度。模型（5－2）是加入企业规模调节后的模型，利他主义（AL）对企业价值（Tobin's Q）有负向影响，家族企业规模会强化利他主义和企业价值的负向关系，并通过0.01水平的显著性检验，假设5－1得到验证。模型（5－3）是进一步加入家族成员所有权集中度调节后的模型，利他主义（AL）对企业价值（Tobin's Q）有负向影响，家族成员所有权集中度会强化利他主义和企业价值的负向关系，并通过0.01水平的显著性检验，假设5－2得到验证。

表5－6　总体样本多元回归结果

变量	模型（5－2） 企业价值	模型（5－3） 企业价值
利他主义	－1.769*** （2.659）	－1.584*** （2.773）
企业规模	－3.294*** （0.186）	－3.369*** （0.189）
家族成员所有权集中度	－0.947 （0.932）	0.339 （1.129）
研发占比	－2.118* （1.234）	－1.874 （1.236）
机构投资者持股比例	0.030** （0.015）	0.030** （0.015）
业主权威	－0.425 （0.336）	－0.394 （0.336）
家族成员出任CEO	0.402 （0.359）	0.385 （0.359）
独立董事比率	－1.121 （1.375）	－1.198 （1.371）

续表

变量	模型（5－2） 企业价值	模型（5－3） 企业价值
利他主义×企业规模	－5.007*** (1.052)	－5.579*** (1.086)
利他主义×家族成员所有权集中度	—	－9.459** (4.724)
常数项	7.873*** (4.097)	7.622*** (4.101)
固定效应	控制	控制
R－squared	0.508	0.512
F	5.69	5.73
样本数	246	246

注：***、**、*分别表示通过显著性水平为1%、5%、10%的双尾检验。

为了验证假设5－3和假设5－4，本章采用分组方法对创业型家族企业进行固定效应回归分析，结果如表5－7所示。

表5－7　创业型家族企业多元回归结果

变量	模型（5－2） 企业价值	模型（5－3） 企业价值
利他主义	－1.793*** (2.263)	－1.341*** (2.329)
企业规模	－4.163*** (0.186)	－4.308*** (0.189)
家族成员所有权集中度	－1.235 (0.881)	0.943 (1.099)
研发占比	－1.871 (1.482)	－1.241 (1.475)
机构投资者持股比率	0.032* (0.017)	0.031* (0.017)
业主权威	－0.804* (0.410)	－0.712* (0.406)

续表

变量	模型（5-2） 企业价值	模型（5-3） 企业价值
家族成员出任 CEO	0.854* (0.460)	0.776* (0.455)
独立董事比率	-0.745 (1.461)	-0.904 (1.442)
利他主义×企业规模	-8.606*** (1.084)	-9.693*** (1.121)
利他主义×家族成员所有权集中度	—	-14.881** (4.601)
常数项	9.114*** (4.069)	9.809*** (4.048)
固定效应	控制	控制
R-squared	0.669	0.679
F	7.68	7.93
样本数	143	143

注：***、**、*分别表示通过显著性水平为1%、5%、10%的双尾检验。

由表5-7可知，当家族企业是创业型家族企业时，家族利他主义对企业价值是负向影响，系数为-1.793，并通过0.01水平的显著性检验。当企业规模大时，利他主义和企业价值的负向关系将被加强，利他主义和企业规模的交互项（AL×SIZE）系数为-8.606，并通过0.01水平的显著性检验，支持假设5-3；模型进一步加入家族成员所有权集中度，利他主义和企业价值系数为-1.341，并通过0.01水平的显著性检验。当家族成员所有权集中度高时，利他主义和企业价值的负向关系会被加强，利他主义和家族成员所有权集中度的交互项（AL×VRD）系数为-14.881，并通过0.01水平的显著性检验，支持假设5-4。

第三节　总结子承父业的利他主义和企业绩效的关系

一、主要结论

本章运用中国证券市场中2010～2019年的上市家族企业的数据，研究家族利他主义程度对企业价值的影响，并进一步研究创业型家族企业的利他主义程度与企业价值之间的关系。结果表明，家族利他主义会使家族内部的代理问题恶化，规模越大，家族利他主义行为的消极作用越明显，企业规模强化家族利他主义程度和企业价值的负向关系；家族成员所有权集中度高时，利他主义行为会造成严重的“自我控制”问题，导致家族成员的道德风险、套牢和逆向选择可能性增加，家族企业内部代理冲突增加，家族成员所有权集中度也会强化家族利他主义程度和企业价值的负向关系；在创业型家族企业中，这两种现象表现得更为明显。这一研究结论归因于家族利他主义程度对企业价值的影响受外部因素（企业规模）和内部结构（家族成员所有权结构）的调节作用。

二、启示

研究结论给我们两点启示。第一，本章注意到家族成员的“束缚性家族性”导致的代理成本，会降低企业价值。有些学者认为家族企业利他主义行为会降低代理成本，其实不然，在不同企业的发展阶段和家族成员所有权结构，家族的利他主义程度对企业价值的影响将发生动态变化。第二，本章注意到的是利他主义程度对企业价值影响，利他主义类型会影响利他主义程度，利他类型分为亲缘利他、互惠利他与纯粹利他三种形式，如何对他们进行具体测量，进而更准确地分析对家族企业价值的影响更有意义，这是我们今后努力的方向。

第六章　家族企业子承父业家族涉入与慈善捐赠关系框架

第一节　家族涉入与慈善捐赠关系研究背景

一、现实背景

伴随着中国改革开放的不断深入，家族企业在短短的 40 年间，实现了从无到有、由小变大、由弱而强的巨大跨越，已成为中国国民经济持续增长、发展方式升级转变和经济国际化的强劲动力。不论是在国民生产总值方面还是就业领域，家族企业对整个社会经济的贡献都是被世界所认可的。在经济高度发达的美国，有 95% 以上的企业为家族控制（Shanker 等，1996）；英国、意大利和芬兰等欧洲国家的家族企业比例也在 60% 以上，家族企业在经济发展和解决失业等方面起到了举足轻重的作用。在中国，家族企业同样做出了显著贡献。由此，我们推断在未来的经济发展中，中国家族企业必将长期存在并成为推动国民经济发展的中坚力量。

然而，国内有关民营企业尤其是家族企业的各种污名（Stigma）现象层出不穷，比如关于民营企业污染环境、工资拖欠及食品安全等的负面报道，不断在大众媒体中出现，同时，“富二代”的不道德行径频频被曝出，社会公众认为民营企业只关注自身利益，缺乏企业公民意识和社会责任。这一系列问题的出现，使民营企业尤其是占主力军的家族企业成了众矢之的，社会各界纷纷将矛头指向了家族企业。有学者认为，家族企业“束缚性家族性”表现出来的高度“利己主义”，仅强调保护家族自身的利益（Morck 等，2004）。当家族利益和企业利益发生冲突时，家族所有者或管理者会优先考虑整个家族的利益。甚至有观点认为，家族企业追求的是狭隘的家族利益，往往以牺牲非家族雇员的利益和社会福利为代价，不会主动为社会公众奉献资源和力量。

但是，在经济全球化的推动下，企业承担社会责任已成为一种不可逆转的国际潮流。企业社会责任最初就是以慈善捐赠的形式出现的（李领臣，2007），因此，慈善捐赠是企业承担社会责任的重要组成部分，必将受到社会各界的普遍关注（陈凌，2014）。在中国，企业界尤其是民营企业逐渐成为慈善事业的重要力量。《中国慈善发展报告（2010—2013）》显示，从 2007 年以来，民营企业的捐赠数额一直占据企业捐赠数额的一半以上。2013 ~ 2018 年，民营企业一直是中国慈善捐赠的主力军。通过查阅资料，2013 ~ 2018 年在慈善捐赠方面，家族企业的比重明显高于非家族私营企业，这也说明家族企业在积极履行应尽的社会责任，如表 6 – 1 所示。

表 6 – 1　2013 ~ 2018 年国有企业和民营企业捐赠额　单位：亿元，%

	2013 年		2014 年		2015 年		2016 年		2017 年		2018 年	
	捐赠额	占比	捐赠额	占比	捐赠额	占比	捐赠额	占比	捐赠额	占比	捐赠额	占比
国有企业	68.93	9.99	151.45	21.00	256.87	32.76	316.88	34.89	288.36	42.15	310.90	34.90
民营企业	351.56	51.00	291.73	40.43	409.48	52.24	491.32	54.10	489.90	41.76	450.32	50.55

资料来源：中民慈善捐助信息中心。

自古以来，家族企业就乐善好施。《史记·货殖列传》记载，著名的陶朱公范蠡“十九年之中，三致千金再分散与贫交疏昆弟”，司马迁称赞他“此所谓富好行其德者也”。2012 年胡润研究院发布的《2012 胡润慈善榜》显示，家族企业除了在社会公益、教育和环保等领域进行捐赠外，部分家族企业还成立了家族慈善基金会。如福耀玻璃董事长曹德旺自 1983 年第一次捐赠至今，累计捐款超过 60 亿元，慈善捐赠总额已占到其家族企业财富的 67%，开创了以股票捐赠形式的中国基金会运作模式先河。另外，还有些家族企业已将企业社会责任渗透到企业战略规划中。以方太集团为例，方太集团在借鉴了国际先进的社会责任管理理念的同时，逐渐形成了具有方太特色的社会责任观。方太集团自 2006 年起推出了业界第一个社会责任报告，并坚持至今，在践行社会责任各个方面都有突出表现，荣获“2012 中国社会责任优秀企业奖”。纵观荣氏家族企业百年创业史，家族成员既是发展实业救国的典范，也是致力于社会公益的慈善家。这些优秀的家族企业成功树立了承担企业社会责任的榜样。越来越多的研究调查发现，企业履行社会责任对保护企业的声誉和树立良好形象非常重要。因此，积极履行社会责任是企业实现可持续发展的必然选择。

二、理论背景

理论界也出现了与前面的消极观点和论断完全不同的声音。Morck 等（2004）认为，家族企业缺乏社会责任的观点不完全正确，通常情况下，家族企业在履行社会责任方面要优于非家族企业。Dyer 和 Whetten（2006）通过对标准普尔上市公司数据的实证研究发现，家族企业不会做出有损企业形象的行为，家族企业很注重家族声誉，一般会更主动地承担社会责任。Dou 等（2014）基于对 2821 家中国民营企业问卷调查数据进行实证分析，得出结论：家族涉入程度与慈善捐赠是正向关系。“传承”一直是家族企业研究的热点，Berrone 等（2012）研究指出家族企业的行为与非家族企业的行为表现差异较大，企业主关心的是家族企业的代际传承，增加家族企业的家族慈善的最好方式就是维持良好的社会关系。关注家族传承的社会公益能有效增加家族企业的社会情感财富。这都显示了越来越多的家族企业以慈善捐赠方式履行企业社会责任。

家族企业慈善捐赠传承并主动承担企业社会责任的良好表现是对当前家族企业污名化最好的佐证。据调查，家族企业要比普通企业更重视维护自身形象和社会责任。因为每个家族企业都希望长期延续，而持续发展离不开责任感。家族企业创立者特别重视家族文化及价值观的传承和延续，因此，家族慈善如今已经成为很多名门望族联系家族情感和培养道德准则的纽带。

那么，到底是什么促使家族企业履行慈善捐赠的社会责任呢？国内外有关企业慈善捐赠动机的研究非常丰富（Zhang 等，2010）。总结一下主要有以下四种观点：战略动机、政治性动机、利他动机和管理效用动机（Zhang 等，2010；高勇强等，2012）。战略动机是 Porter 和 Kramer 等（2002）提出的战略性公益慈善

捐赠。他们认为企业通过慈善捐赠行为来改善其竞争环境，提升企业的战略地位，以此获得企业的声誉，促进企业的长期发展（Godfrey，2005）；家族性中的利他动机观点认为，企业参与慈善捐赠是企业实践良好公民责任、无私奉献行为的体现（Campbell 等，1999）；政治性动机的观点认为企业利用慈善捐赠向政府寻租，建立或维持政治关系（贾明等，2010），达到增加企业收益的目的；管理效用动机认为企业的管理者通过慈善捐赠来提升自身的知名度和地位等（Galaskiewicz，1997）。

上述研究丰富了企业慈善捐赠行为的内容。众所周知，中国民营企业普遍采用家族所有形式，家族企业的治理结构大部分是家族化管理（储小平，2000），由于家族参与的因素，家族企业的慈善捐赠行为背后都有深层次家族动机。因此，家族企业慈善捐赠行为的家族性因素受到学者的更多关注。因为家族是一个复杂的社会系统，不是完全理性的经济人，所以家族企业出于家族性原因会表现出非经济效用偏好（陈凌等，2014），为了更好地解释非经济效用，Gomez－Mejia 等（2007）提出了“社会情感财富”（Social Emotional Wealth，SEW）理论框架。而社会情感财富是家族企业家族性所特有的，深嵌在家族所有者心中（Berrone 等，2010），家族企业在战略决策行为过程中必会受其家族性社会情感财富的影响。这种影响会使家族企业在慈善捐赠行为决策过程中有一定的家族倾向性。正是由于家族性因素，家族会希望更多家族成员参与到社会公益实践活动中，为社会慈善做出贡献，更好地保持和维持家族财富，为家族企业传承奠定基础。

同时，家族企业的行为决策和制度环境的变化是密不可分的，因此，制度理论能帮助我们更好地理解外部制度环境对于家族企业的行为决策的约束。所有组织都嵌入在特定的宏观制度环境中，不同的管制环境、规范环境以及认知环境都会对企业行为决策产生显著影响（Campbell 等，1999）。家族企业的慈善捐赠行为本身是一种社会情境下的决策，必然会受到情境中制度环境的影响。家族企业具有异质性，在股权制衡度和冗余资源不同的家族企业，其慈善捐赠行为背后深层次的逻辑需要进一步探析。不同的管制环境、规范环境和认知环境，会影响家族企业控股股东的慈善捐赠行为决策，分析制度环境在家族涉入和慈善捐赠关系中的作用对进一步分析家族企业慈善捐赠影响因素意义重大。

三、研究问题

综上所述，本章从家族企业内部家族性资源和企业外部的制度环境变化两个方面，探讨家族企业慈善捐赠社会活动的影响因素，厘清家族企业慈善捐赠的传承的主观意愿、行为方式及社会反应等内容。本章提出三大问题：第一，在社会情感财富框架下，研究家族涉入和企业慈善捐赠的关系，揭示家族慈善捐赠传承的家族因素；第二，基于外部环境视角，研究在不同类型的管制环境、规范环境以及认知环境下家族性涉入和慈善捐赠的关系，进一步探析家族企业慈善捐赠的行为方式；第三，根据 Structure – Conduct – Performance 分析模型可知，市场结构决定企业在市场中的行为，由此，家族企业的慈善捐赠行为必然受企业内外部环境的影响，这种行为会产生社会反应，即家族慈善捐赠行为对企业绩效的影响。

第二节 家族涉入与慈善捐赠关系的意义

西方文献关于企业慈善捐赠行为的相关研究比较丰富，相比之下，中国对于慈善捐赠的研究才刚刚起步，因此，研究水平远远落后于发达国家。通过汇总和梳理国内相关文献，笔者发现针对家族企业的慈善捐赠的家族性动机研究较少，从家族性层面和制度环境层面剖析家族企业慈善捐赠的影响因素的研究更少，因此，具体研究家族层面和制度环境层面及其对慈善捐赠行为中所起的作用具有重要意义。

一、理论意义

家族涉入及其固有的社会情感财富这些家族性资源对慈善捐赠有积极影响，我们认为家族企业慈善捐赠是有家族性动机的，为了提高家族的声誉和形象，目的是保护家族成员的财富，使家族企业持续发展。这一预期结论具有广泛的社会影响，因为家族企业是国际及中国最主要的企业组织形式，对全球经济影响巨大（La Porta 等，1999）。

基于制度理论视角研究制度环境变化对家族企业的慈善捐赠行为的影响，是

企业慈善捐赠动机研究的有益补充。现有研究主要分析政治关系与慈善捐赠行为之间的关系，本章从管制环境、规范环境和认知环境等方面研究其对家族企业慈善捐赠行为的影响，从新的视角补充了家族企业慈善捐赠影响因素的内容。

二、实践意义

（一）有利于正确评价家族企业

研究家族性涉入与企业慈善捐赠行为，分析家族性资源在家族企业的优势作用，从保护社会情感财富的角度考虑履行慈善捐赠的社会责任的合理性，与当前公众认为家族企业缺乏社会责任、为富不仁的观点形成鲜明对比，研究结论有利于社会公众重新审视家族企业，对家族企业有客观公正的评价。

（二）揭示家族企业慈善捐赠的制度因素

研究制度环境变化对企业慈善捐赠行为的影响，要认识到慈善捐赠在经济转型时期的中国，既是体现企业社会责任的有效手段，也是家族企业构建政治关系应对制度环境变化的策略选择。

（三）促进家族企业慈善捐赠行为常态化

研究家族企业慈善捐赠的影响因素及社会反应等内容，目的是实现家族企业慈善捐赠常态化，家族慈善有利于家族企业成员增强凝聚力，团结互助，需要不断完善家族慈善捐赠的制度建设，就需要中央各级政府不断完善国家层面慈善捐赠制度，健全慈善捐赠机制，让慈善捐赠行为常态化有制度的土壤，家族内部建立健全家族慈善基金会，保证家族企业慈善捐赠行为良性发展。

（四）奠定了家族企业传承发展的实践基础

将慈善与家族企业结合，在家族企业中设立一套有效的慈善捐赠行为运行机制，能有效地实现家族传承，是家族企业基业长青的基础。在家族企业中设立家族慈善理事会，通过家族文化和价值观等凝聚家族成员，对于家族成员来说，不仅收获的是家族企业的财富，同时能增强家族凝聚力、提升家族价值观和家族文化。通过这种“特殊性家族性”让家族企业承担更多社会责任，传承家族事业，同时，慈善捐赠行为帮助家族成员培养正确的价值观，避免因成员争夺财产而导致家族财富受损，通过家族慈善建立一个长效的家族传承机制。

第三节　家族涉入与慈善捐赠关系思路

一、研究思路

本章的研究思路：通过查阅家族企业慈善捐赠、家族性等文献资料，从家族性和企业外部环境两个角度分析家族企业慈善捐赠活动的家族性动机，厘清家族企业慈善捐赠传承的主观意愿、财务条件、行为方式、社会反应等内容；在家族资源和社会情感财富框架下，研究家族涉入和企业慈善捐赠的关系，揭示家族慈善捐赠传承的家族因素；在此基础上基于外部环境视角，研究在不同类型的管制环境、规范环境以及认知环境下家族性涉入和慈善捐赠的关系，进一步探析家族企业慈善捐赠的行为方式；最后根据 Structure – Conduct – Performance 分析模型可知，市场结构决定企业在市场中的行为，由此，家族企业的慈善捐赠行为必然受企业内外部环境的影响，这种行为会产生社会反应，即家族慈善捐赠行为对企业绩效的影响，探讨家族企业的慈善捐赠和企业绩效（价值）之间的关系。

现有文献主要针对企业社会责任的动机及企业社会责任与财务绩效的关系展开大量的实证研究，然而研究结论不能清晰地回答家族企业慈善捐赠的相关问题。笔者进一步对比前人研究的结论，发现学者较少关注在不同情境下家族涉入对企业慈善捐赠的影响，为此，笔者探讨情境因素对家族企业慈善捐赠可能产生的影响。

二、内容安排

（一）家族企业慈善捐赠的家族性动机及影响因素研究

首先基于社会情感财富的视角分析家族性涉入对企业慈善捐赠的影响；其次针对家族企业的异质性，家族性的两个方面“特殊性家族性”和“束缚性家族性”在不同股权制衡度和冗余资源的情况下，家族性涉入对企业慈善捐赠的影响会发生怎样的变化；最后总结出家族企业慈善捐赠的家族动机。

（二）基于制度理论的视角，分析家族涉入与企业慈善捐赠的关系

首先分析外部环境变化对家族企业慈善捐赠的影响；其次从制度三大支柱理论模型角度提出研究假设，进一步搜集中国上市家族企业数据对这些假设展开系统验证；最后对结果进行讨论。

（三）对家族企业慈善捐赠的社会反应及效果进行评价

从企业社会责任的战略角度分析家族企业慈善捐赠行为和财务绩效的关系及家族企业慈善捐赠的社会反应，以家族企业慈善捐赠后所获得的政府补贴和融资渠道为中介变量，提出研究假设，搜集上市家族企业的数据进行研究假设的验证，并对结果进行讨论。第七章和第八章是家族涉入与慈善捐赠关系的延伸。

第七章　家族企业子承父业家族涉入与慈善捐赠前置因素

第一节　家族慈善捐赠动机分析

一、家族企业慈善捐赠动机研究

（一）慈善捐赠行为动机的研究

任何行为背后都存在其合理的逻辑与动机，因此，企业履行慈善捐赠行为背后，也是决策者在一定合理动机下做出的博弈选择。学术界已经从多个视角分析了企业履行社会责任的潜在动因，从已有的文献来看，慈善捐赠行为的动机主要划分为四类：战略性动机、政治性动机、利他动机和管理效用动机（Zhang 等，2010）。其中，利他动机认为，慈善捐赠行为是由企业社会责任感或利他主义所激发产生的（Campbell 等，1999）；政治性动机认为遵循外部环境对社会责任的规范和期望有利于家族企业获得认可和合法性地位。Porter（2002）在 *Harvard Business Review* 上发表的论文中分析了企业慈善捐赠行为，他提出企业慈善捐赠行为可能在竞争环境中产生积极作用，因此，慈善捐赠行为有利于提升企业的竞争地位，同时，企业可以通过慈善捐赠行为达到广告宣传作用，塑造公司形象，产生无形资产，增加企业价值。Godfrey（2005）也论证了公司的慈善捐赠行为可以产生道德资本，从而使股东受益。慈善捐赠不仅是对社会诉求的合理反应，也是提升企业知名度和声誉的方式，从而获得政府和民众的认可，提升企业价值创造能力（山立威等，2008；张敏等，2013）。除此之外，山立威等（2008）提出慈善捐赠行为还有公关作用。企业在面临形象受损时会选择采取慈善捐赠行为，公众会认为其具有“企业公民”意识，以此挽回其形象受损的损失，这就是所谓的“危机公关”战略。社会责任理论模型将社会责任划分为经济责任方面、法律责任方面、道德责任方面和慈善责任方面。处于社会责任金字塔模型顶端的慈善责任方面，是企业社会责任的最高表现形式。从经济学角度分析，企业从事慈善捐赠行为的动机在于最大化利益，但这里的利益并不是单指经济回报，而是指最大化政治收益。贾明（2010）指出，企业慈善捐赠的推动因素是通过获得政治关联资源来增加企业的收益。利他动机是从社会学角度分析企业慈善捐赠行为，慈善捐赠是企业实践良好公民的责任，是不求回报的利他行为动机的体现（Campbell 等，1999）。企业履行慈善捐赠社会责任，可以帮助弱势群体，提高整个社会的福利水平。管理效用动机是指企业管理者通过慈善捐赠来提升自身的知名度和社会地位，获取担任政府官员、政协委员等机会（Galaskiewicz，1997）。企业慈善捐赠是一种企业战略性动机，慈善捐赠关系到家族企业的声誉与其行为的合法性，也体现了企业可持续发展战略方面的战略愿景。对于家族企业的可持续发展来说，慈善捐赠包括“家族—企业”二位平衡长期发展战略目标，汇总家族企业慈善捐赠的研究文献发现，学者已经将家族性涉入内容与慈善捐赠融合（许金花等，2018），需要基于家族企业中的“家族”这个视角深入理解慈善捐赠背后的战略动机。以上的慈善捐赠行为动机又可以分为纯粹为他人和社会、不求回报的利他动机（利他动机），为企业和管理者自身发展的利己动机（政治动机、管理效用动机），从企业战略角度出发考虑的战略互利动机（战略性动机）。

回顾传承与慈善捐赠研究，目前较少学者探讨传承与慈善捐赠的内在联系，最近有一些研究表明，具有传承意愿的家族企业主更倾向于家族慈善捐赠，这也说明传承意愿与慈善捐赠的关系（蔡地等，2016）。慈善捐赠还有利于家族企业在传承期实现家族社会资本转移等研究保证了家族企业基业长青，如 Pan 等（2018）发现“子承父业”家族性资源这种传承会激励企业通过慈善捐赠的形式进行社会开拓活动并实现企业特殊资产的有效代际传承。因此，现有研究同样是从企业战略性动机来分析家族企业传承与慈善捐赠，在这些研究中，战略目标通常为企业跨代经营而不是家族延续（Feliu 等，2016）。在理论层面上深入研究传承背景下家族企业慈善捐赠问题，强调家族组织在跨代传承的战略动机中的创新。慈善捐赠为家族企业发展提供一个平台，比如慈善捐赠可以帮助家族企业实现家族财富和精神的传承，还可以使家族价值观和家族文化延续。其中，不少相关调研报告就指出家族企业参与慈善捐赠事业的关键因素是“确保家族文化和价值观的持续传承”，结合我国当前家族企业发展现状，家族企业正处于第一代、第二代交接的高峰期，正是这种家族性资源传承的重要时期。

综观国内外关于慈善捐赠行为动机的分析可以看出，不同的研究者从不同的角度去分析，得到的结论也是不同的，有些动机之间相互重叠。因而，本书认为，现代企业处于复杂多变的市场环境中，单纯的利他动机不利于价值增值，而纯粹的利己动机显得过于片面，对企业的长远发展不利，在经济转型期，研究家族企业慈善捐赠行为，首先要明确其慈善捐赠行为动机，从战略互利动机角度考虑，通过利己与利他相结合，使企业实现社会效益和经济利益的共赢。

笔者在整理文献过程中发现，有关家族性涉入对企业慈善捐赠行为影响的研究较少，Dyer 和 Whetten（2006）的实证研究以所有权与经营权相分离的现代公司为样本。目前中国家族企业仍处于“两权合一”的过渡时期，即绝大多数家族企业的所有权和经营权都掌握在家族成员手中（陈凌等，2011），企业决策行为也主要是企业所有者的家族做出的，所以，研究家族涉入和慈善捐赠行为的关系能揭示出其所追求的特殊目标的家族动机。

（二）企业慈善捐赠行为作用的研究

行为作用是对行为发生后产生结果的描述，前面已对企业参与慈善捐赠行为的可能性动机进行了综述，这里还需要清楚企业慈善捐赠行为的积极作用有哪些。

目前，关于企业慈善捐赠行为作用的理论研究不多，往往和慈善捐赠动机混为一谈。钟宏武（2007）对已有结论和成果进行了整理，他认为企业慈善捐赠行为有三大作用：合法保护作用、伤害保险作用、增值作用。合法保护作用是指，根据组织合法化理论，企业并不是一存在就拥有各种权利，甚至基本的生存权都是来自社会的。也就是说，如果企业经营活动符合社会目标和价值观，那么企业就会得到社会认可，进而具有合法性（Edwin 等，1978）。反之，会使企业受到政府、媒体等的谴责。为了避免负面报道带给企业的“伤害”，企业会以慈善捐赠行为的方式支付“保护费”，以维持企业的合法性。在中国，家族企业似乎依然被人诟病，因此，为保护家族企业声誉，维护其合法性，家族企业慈善捐赠的合法保护作用更强。同时，在几次大的“国进民退”的浪潮中，家族企业不断寻求保护家族财富和利益的自保行为，经验证明，慈善捐赠行为是成本较低、行之有效的方式之一。伤害保险作用是从企业面对危机的角度来考虑的。在企业经营过程中难免会与利益相关者发生冲突，致使利益相关者会对企业采取制裁或报复行为，企业必然会受到损失，而企业慈善捐赠行为所带来的道德资本，如同保险一样，可以对企业可能受到的伤害给予补偿（Godfrey，2005）。家族企业非常重视家族的声誉和形象，为了保护家族社会情感财富，企业主会通过慈善捐赠行为积累道德资本，以备不时之需。增值作用是从 Porter 提出的战略性动机视角来考虑的。用竞争理论分析慈善捐赠行为有利于提升企业的竞争优势，会对企业价值产生直接或间接的增值作用。

目前，基于社会情感财富理论分析慈善捐赠研究是家族企业追求外部社会资本或家族信誉的重要工具，然而，社会情感财富其实包括很多不同的维度，从理论内涵来看，它是一个宽泛的概念（Zellweger 等，2012），涉及维持家族对企业的控制与影响、完成家族内部传承、家族成员之间的和谐发展以及家族成员对家族企业的认同与承诺及维持良好的社会关系等维度（Berrone 等，2012）。对于传承阶段的家族企业，如何确保家族二代顺利完成接班以及实现家族企业整个传承过程中家族和谐、成员情感凝聚以及家族归属感等显得非常重要。慈善捐赠是实现家族企业传承过程中战略性动机的重要工具。慈善捐赠对培养家族企业代际间家族和谐发展以及提升家族认同等社会情感财富具有非常重要的作用。有学者研究发现，通过慈善捐赠可以促进家族内部团结、家族凝聚力、家族成员和谐以及家族价值观形成（Dou 等，2014）。这些研究都反映了慈善捐赠对家族企业社会情感财富的培养有很重要的作用，也是培养家族文化和家族身份的重要方式。目前，我国大多数家族企业仍处于家族一代手中，他们渴望给后代留下这些家族性的资源。

分析慈善捐赠行为对企业的积极作用，目的是说明慈善捐赠行为对企业价值是有影响的。国内外学者试图通过理论和实证来解释两者之间的关系，但现阶段研究成果并不一致，两者之间的关系包括正相关关系、负相关关系和不相关关系，其中以正相关关系居多。

从资源依赖理论出发，企业需要和利益相关者建立良好的关系，包括政府、社区和消费者等，它们更看重的是企业的外部形象和声誉。参与慈善捐赠满足了利益相关者对企业社会责任方面的要求，企业获得了稀缺资源等竞争优势，能有效降低交易成本，这是战略性慈善捐赠的核心。

慈善捐赠是一项长期工程，需要用发展的眼光来看待。Mescon 等（1987）强调企业进入新市场时，公众通过企业的各种行为方式了解企业，企业履行慈善捐赠社会责任行为能传递企业具有社会责任感的信息，增强企业利益相关者的信赖。学者也证实了企业慈善捐赠行为和企业绩效的正向关系。钟宏武（2007）总结相关文献后认为，企业履行慈善捐赠行为能避免经营过程中潜在的风险和伤害。杜兴强等（2010）通过数据进行实证分析并得出结论，企业参加慈善捐赠和企业价值（绩效）是正相关关系。王端旭等（2011）从利益相关者角度分析企业慈善捐赠与企业价值的关系，指出企业慈善捐赠行为与利益相关者价值取向一致时，企业价值会增加。以上学者认为慈善捐赠行为与企业价值是正相关关系。但也有相反的结论，有学者认为企业慈善捐赠行为会降低企业绩效（Galaskiewicz，1997；方军雄，2009）。Friedman（1970）认为，企业慈善捐赠的资金难以收回，慈善捐赠的机会成本太高，会降低企业收益水平。近年来，有学者实证发现，企业慈善捐赠行为与企业价值无显著关系。

二、家族性涉入与企业慈善捐赠关系分析

（一）家族性涉入对企业慈善捐赠的影响

家族所有者对企业决策行为有不受限制的自由裁量权，这种“特殊性家族性”使家族对企业具有战略制定、决策的权力和合法性。Dyer 等（2006）研究认为，建立家族资产的愿望是推动家族企业慈善捐赠活动的动力之一，而 Berrone 等（2012）的研究也发现，家族企业主从事慈善捐赠是因为这种行为符合家族核心价值观。家族所拥有企业所有权越高，所有者与企业就有越紧密的家族情感和经济联系。家族所有者是风险厌恶（Risk - aversive）的，他们担心激进战略失败会导致家族社会情感财富受到损失。所以，家族企业决策者会选择长期导向战略（如慈善捐赠），家族企业的慈善捐赠行为能为家族积累道德声誉资本。家族成员进入董事会，会增强家族的自由裁量权，影响企业的战略决策。这些家族

高管是家族企业的内部利益相关者，他们有强烈的主人翁地位，发挥出巨大“家族性”优势，必定会从家族利益角度考虑企业的发展，与家族所有者的目标一致，希望企业采取长期导向战略持续发展。家族企业都希望世代延续，持续发展离不开责任感。家族慈善希望将家族精神和文化传承下去，同时能让家族成员有责任感，家族慈善已成为很多家族企业联系情感和培养道德准则的纽带。在传承期家族可以通过参与慈善捐赠活动将一代企业主和二代成员凝聚在一起，形成家族文化并传承下去，构成家族企业社会情感财富的重要组成部分。家族企业持续时间越长，家族所有者对企业的情感越深，这是一种“传家宝效应”（Heirloom Effect），家族所有者特别重视家族价值观的传承和延续，因此，他们会更愿意追求慈善捐赠等长期导向战略保护家族企业。

基于上边分析，提出以下假设：

假设 7 - 1：家族性涉入对慈善捐赠具有正向影响。

假设 7 - 1a：家族性涉入所有权比例对慈善捐赠具有正向影响。

假设 7 - 1b：家族成员进入董事会比例对慈善捐赠具有正向影响。

假设 7 - 1c：家族控制持续时间对慈善捐赠具有正向影响。

（二）股权制衡度对家族涉入与慈善捐赠的影响

股权制衡是指几个大股东分享公司控制权，抑制大股东不能单独进行决策，以达到股东之间相互制衡的目的。依据 DiMaggio 和 Powell（1983）的模仿同构（Mimetic Isomorphism）逻辑，股权制衡度会支持家族大股东的战略选择。大多数学者认为公司股权制衡会促进企业履行社会责任。家族企业公司股权制衡有利于家族企业战略决策，通过参与家族慈善捐赠活动，家族二代可以真正领悟财富的意义和财富管理的重要性，慈善作为人与人之间的价值纽带、沟通桥梁（Galaskiewicz，1997），二代参与慈善捐赠活动可以加强代际关系，促进两代之间的关系和谐，减少传承的困难。用利益协同效应理论探讨了股权制衡对企业信息披露的影响，结果发现，股权制衡和企业信息披露是正相关关系。在股权制衡度较高的家族企业，大股东自身对管理的监督能力和监督动机都会更加强烈，这有利于充分发挥家族企业管理层的经营决策能力，使之更加科学，降低信息不对称的程度。

基于上述分析，提出以下假设：

假设7－2：股权制衡度强化家族涉入与慈善捐赠的正向关系。

假设7－2a：股权制衡度强化家族涉入所有权比例与慈善捐赠的正向关系。

假设7－2b：股权制衡度强化家族成员进入董事会比例与慈善捐赠的正向关系。

假设7－2c：股权制衡度强化家族控制持续时间与慈善捐赠的正向关系。

（三）冗余资源对家族涉入与慈善捐赠的影响

冗余资源用于应对环境的冲击，Bourgeois（1983）认为冗余资源是组织中一种实际的或潜在的应对环境变化的资源缓冲器，它可以使组织成功应对组织内外环境变化的压力以及应对外部宏观环境而进行的战略调整。家族企业对外部环境变化很敏锐，家族涉入程度越高，家族性发挥的作用就越大，二代在参与慈善活动中对一代企业主从事的事业会感到无比骄傲，进而增加对家族企业的情感认同，家族企业对慈善捐赠感兴趣，是因为慈善捐赠可以为家族成员提供了解家族过去历史的平台，并能促进家族成员之间的交流。在传承过程中家族有动机对家族团结、家族认同等投入资源以培育家族社会情感财富，慈善捐赠行为可以很好地实现家族目标。当外界环境发生变化时，冗余资源是家族企业进行慈善捐赠行为的保障。同时，家族企业为保护家族社会情感财富，更愿意履行企业社会责任，获得社会公众的合法性认可。慈善捐赠是需要企业消耗资金或资源的行为，参与慈善捐赠活动是在企业有能力生存和发展的基础上选择的。家族企业只要有冗余资源，就会努力去进行慈善捐赠活动。

基于上述分析，提出以下假设：

假设7－3：冗余资源强化家族涉入与慈善捐赠的正向关系。

假设7－3a：冗余资源强化家族涉入所有权比例与慈善捐赠的正向关系。

假设7－3b：冗余资源强化家族成员进入董事会比例与慈善捐赠的正向关系。

假设7－3c：冗余资源强化家族控制持续时间与慈善捐赠的正向关系。

（四）股权制衡度、冗余资源对家族涉入与慈善捐赠的影响

家族涉入与企业慈善捐赠之间的关系不仅受股权制衡度、冗余资源的调节效应，还受到这两个维度共同作用的影响。家族企业从股权制衡度、冗余资源两个方面可以将企业分为四种类型，如图7－1所示。

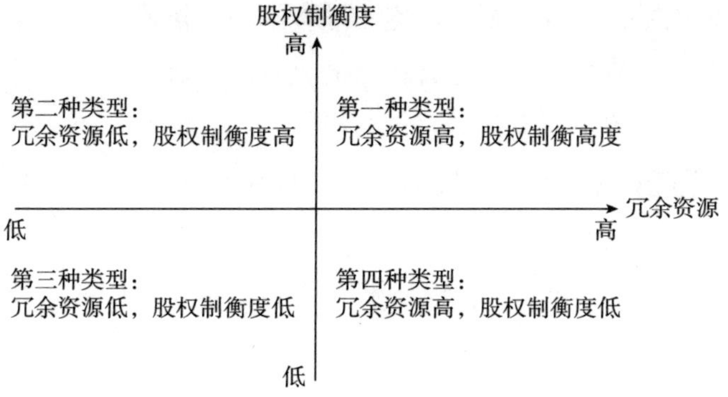

图 7－1 四种类型的家族企业

当家族企业是第一种类型企业时：冗余资源高，家族企业有多余资源来应对外部环境的变化，家族决策者会更愿意参加慈善捐赠等有社会影响力的活动，提升家族企业的声誉和形象；股权制衡度高时，依据模仿同构的理论逻辑，当股东对家族企业的控制权越久和越强，股东对家族企业的财务、人力资源和价值观的依赖就会越高，进而就会越主动地去模仿家族企业所追求的目标和行为。家族二代等家族性资源是实现家族跨代延续的基础，为家族延续社会情感财富提供有力保障，追求慈善捐赠的一个重要动力是获得及维持家族团结、和谐等情感禀赋，这些情感资源往往会随着时间和发展历程而逐渐增长。综合来说，家族涉入对慈善捐赠有积极影响。当家族企业是第二种类型企业时：冗余资源低或缺乏，家族企业的决策者仍要保护家族社会情感财富，慈善捐赠行为能有效保护家族社会情感财富，此时家族涉入程度与慈善捐赠正相关；股权制衡度高时，家族涉入程度与慈善捐赠显著正相关。家族企业公司股权制衡有利于家族企业战略决策，通过参与家族慈善捐赠活动，家族二代可以真正领悟财富的意义和财富管理的重要性，慈善作为人与人之间的价值纽带、沟通桥梁（Galaskiewicz，1997），二代参与慈善捐赠活动可以加强代际关系，促进两代之间的关系和谐，减少传承的困难。综合来说，家族涉入对慈善捐赠有积极影响。当家族企业是第三种类型或第四种类型企业时，冗余资源低或缺乏，家族企业的决策者仍要保护家族社会情感财富，慈善捐赠行为能有效保护家族社会情感财富，家族涉入程度与慈善捐赠正相关；股权制衡度低时，家族股东会为了非经济目标而侵害公司资源，此时家族涉入程度与慈善捐赠无关或关系不确定；综合来说，家族企业是第三种类型或第四种类型的企业时，家族涉入与慈善捐赠的关系是不确定的。

基于上述分析，提出研究假设：

假设7-4：冗余资源高、股权制衡度高的家族企业，家族涉入与慈善捐赠是显著正相关关系。

假设7-4a：冗余资源高、股权制衡度高的家族企业，家族所有权比例与慈善捐赠是显著正相关关系。

假设7-4b：冗余资源高、股权制衡度高的家族企业，家族成员进入董事会比例与慈善捐赠是显著正相关关系。

假设7-4c：冗余资源高、股权制衡度高的家族企业，家族控制持续时间与慈善捐赠是显著正相关关系。

假设7-5：冗余资源低、股权制衡度高的家族企业，家族涉入与慈善捐赠是显著正相关关系。

假设7-5a：冗余资源低、股权制衡度高的家族企业，家族所有权比例与慈善捐赠是显著正相关关系。

假设7-5b：冗余资源低、股权制衡度高的家族企业，家族成员进入董事会比例与慈善捐赠是显著正相关关系。

假设7-5c：冗余资源低、股权制衡度高的家族企业，家族控制持续时间与慈善捐赠是显著正相关关系。

（五）规制制度环境对家族涉入与企业慈善捐赠关系的影响

组织是嵌入在制度环境中的，其在获取、积累和利用资源过程中必须会受到制度的约束（Oliver等，1997）。根据Scott的三系统理论分析框架，规制制度主要来自政府管制政策，法律法规和某些权威组织所颁布的规则、标准，通过具有支配性的机构强加于组织，影响组织的未来发展，因此，组织有动力与法律法规的权威和行业标准保持一致，为组织获取其生存和成长所需要的其他资源，最终获得合法性。家族企业对制度环境的变迁更敏感，会更有强烈动机与国家权威机构颁布的规则、标准保持一致。

在一个规制制度较强的地区，政府的法律法规健全，行政监管有力，政府对当地经济活动干预很少，行政效率较高，有利于保护社会各个群体的利益（孙铮

等，2005）。在二代顺利接班后为保证社会情感财富延续，二代进入后家族企业更愿意营造良好的家族环境，通过慈善捐赠来团结一代和二代家族成员。这样的环境也有利于保护私有财产，促进家族企业的发展。在这种环境中，企业的资源更多是基于市场配置，政府对企业的干预很少，充分发展市场机制的作用，政府起到服务的作用。在规制制度环境处于较强水平时，家族企业能得到政府的支持和保护，家族所有权比例越高，企业主保护财富的愿望越强烈。由于法律对私有产权保护会界定明确，私营的家族企业自身合法性得到保障，家族企业会更愿意承担社会责任，以传承家族企业的价值观，让企业持续发展下去。当家族企业发生不履行社会责任行为时，高效公正的政府和机构会对此类企业进行惩罚，使履行社会责任的家族企业得到表扬和奖励。当法律对私有产权保护界定明确，政府行政效率较高（孙铮等，2005），更大的家族所有权比例使企业主可以凭借其地位行使不受限制的自由裁量权（Anderson 等，2003），进而会采用更多的慈善捐赠履行社会责任。

综上分析，在规制制度环境越好的地区，政府行政效率越强，市场化水平越高，政府对企业的干预越少，企业的资源主要基于市场配置，完善的规制环境保障了家族企业的蓬勃发展，企业主会回馈社会，主动承担更多企业社会责任，包括慈善捐赠。

治理制度基础设施相对完善，有利于企业的外部利益相关者（External Stakeholders）的监管机制的有效形成（Campbell，1999）。完善的政治环境有利于健全企业信息披露机制，促进政府、消费者等其他外部利益相关者（External Stakeholders）了解企业履行社会责任的情况，因此，规制制度健全促进企业履行社会责任行为。对于家族企业来说，家族企业会更与权威机构规制和理所当然（Take－for－granted）的标准一致，获得合法性。家族成员进入企业董事会比例越高，越会促进家族实施企业慈善捐赠，因为在家族企业的董事会有家族成员也有非家族管理者，当家族企业主的战略决策使家族成员受益而不利于非家族管理人员时，非家族管理者可能会排斥决策的实施。而家族成员在董事会的比例越高，家族企业主的决策（如慈善捐赠）越易通过。

家族控制持续时间越长，家族企业主对企业的感情越深，使家族的影响力和实力越强，提高了企业实施慈善捐赠行为的能力。家族会利用家族控制影响企业慈善捐赠的决策，来实现家族企业的非经济目标，以提升和维持家族的社会情感财富。家族企业对社会情感财富的追求具有很强的家族性动机，我国家族企业主要是以血缘和亲缘等家族亲密关系为基本纽带的组织（储小平，2000），企业关系主义文化的特点使家族控制越强的家族企业，越希望在家族企业传承过程中通过慈善捐赠获得家族社会情感财富，有利于家族企业顺利传承。在规制制度较好的地区，政府职能的转化使家族企业的合法性增强，家族企业主认为家族成员的财富得到了保障，希望将家族企业的文化和价值观延续和传承，更有强烈动机履行慈善捐赠等有社会影响力的活动。

基于上述分析，提出以下假设：

假设7－6：规制制度强化家族涉入与企业慈善捐赠的正向关系。表现为：当企业所处地区的规制制度水平较高时，家族涉入与企业慈善捐赠的正相关关系增强。

假设7－6a：规制制度强化家族所有权比例与企业慈善捐赠的正向关系。表现为：当企业所处地区的规制制度水平较高时，家族所有权比例与企业慈善捐赠的正相关关系增强。

假设7－6b：规制制度强化家族成员进入董事会比例与企业慈善捐赠的正向关系。表现为：当企业所处地区的规制制度水平较高时，家族成员进入董事会比例与企业慈善捐赠的正相关关系增强。

假设7－6c：规制制度强化家族控制持续时间与企业慈善捐赠的正向关系。表现为：当企业所处地区的规制制度水平较高时，家族控制持续时间与企业慈善捐赠的正相关关系增强。

（六）规范制度环境对家族涉入与企业慈善捐赠关系的影响

规制制度主要依靠政府的权威性，具有强制性，而规范制度不同于规制制度，它更多是依赖行业协会的标准，要求行业内成员遵守规则，建立起行业的规范机制（Regulatory Mechanism）保证公平竞争和产品质量等。在一定的情况下，行业协会压力能有效监督企业履行社会责任的行为。比如，律师、会计师等行业具有较强的规范标准，对组织成员的职业道德行为规则具有明确、严谨的要求，并且还具有对应的制裁措施。如果行业协会成员违反了行业规范，做出违背社会责任的行为，不仅要受到行业协会的处罚，还会使其声誉受到影响。而当其积极响应政策履行社会责任时，协会会给予一定的奖励。

当社会上规范制度完善，如会计、律师等行业协会健全，这些非营利性组织成熟运作会影响企业社会责任战略，一方面是通过媒体或网络等社会载体对企业履行社会责任的义务的期望和理念反馈给企业；另一方面通过非营利组织制度的各种规范和标准约束并监督企业履行社会责任（沈奇泰松，2010）。对于家族企业来说，这种非营利性组织的成熟运作更促进企业主履行社会责任，因为家族企业很关注外部利益相关者（External Stakeholders）对其的评价，家族企业所有权比例越高，企业主对家族财富保护的愿望越强烈。在完善规范制度的环境下，家族企业主会积极履行社会责任，以获得合法性。家族企业所有权比例越高的企业，受到协会等组织的关注越多，他们会更多投入慈善捐赠并用非营利组织制定的规范和标准约束自身行为，接受非营利组织的监督。因此，在企业运行的高水平规范制度环境中，家族所有权比例和企业慈善捐赠的正相关关系增强。

完善的非营利组织运行机制有利于促进媒体及时、快捷地将企业履行社会责任的信息反馈给企业，让企业外部利益相关者及时了解企业的道德行为，积极履行企业社会责任的企业会得到外部利益相关者的认可，有利于消费者购买该企业的产品，也有利于供应商与企业合作。对于家族企业来说，更关注外部利益相关者的反应，这关系到企业的战略调整（Campbell 等，1999）。当家族成员进入董事会比例较高时，家族企业主的目标与家族管理者的目标相一致，都注重企业的形象和声誉，会采用慈善捐赠方式履行更多社会责任行为，以实现企业的合法性。同时，完善的非营利组织运作方式，也会对企业的行为起到监督和约束作用。家族企业会更规范自身行为，而在非营利组织不健全的环境中，企业的行为信息不能及时曝光，企业违背社会责任行为没有得到相应的惩罚，消费者不了解企业的信息，供应商也许不知道将要合作的企业是违背社会责任的企业，那么，家族企业主会减少参与慈善捐赠行为，因为企业违背社会责任行为的机会成本很低。

家族控制持续时间越长，家族企业主对企业的感情越深，使家族的影响力和实力更强，提高了企业实施慈善捐赠行为的能力。家族通过拥有所有权和治理方面的优势，获得影响家族企业决策行为的合法性和能力，从而对企业的目标产生影响（Chrisman 等，2005），如家族企业为了实现保护社会情感财富的目标，会运用家族性资源进行慈善捐赠（陈凌等，2014），因此，家族企业会通过其拥有的所有权对企业进行控制，对家族企业的慈善捐赠行为产生积极影响（Berrone等，2012）。在规范制度较好的地区，行业协会职能较健全，行业协会对企业有较强的约束力，企业为得到外部利益相关者的合法性，而会更多参与慈善捐赠等有社会影响力的活动（Campbell，1999）。

基于上述分析，提出以下假设：

假设7-7：规范制度强化家族涉入与企业慈善捐赠的正向关系。表现为：当企业所处地区的规范制度水平较高时，家族涉入与企业慈善捐赠的正相关关系增强。

假设7-7a：规范制度强化家族所有权比例与企业慈善捐赠的正向关系。表现为：当企业所处地区的规范制度水平较高时，家族所有权比例与企业慈善捐赠的正相关关系增强。

假设7-7b：规范制度强化家族成员进入董事会比例与企业慈善捐赠的正向关系。表现为：当企业所处地区的规范制度水平较高时，家族成员进入董事会比例与企业慈善捐赠的正相关关系增强。

假设7-7c：规范制度强化家族控制持续时间与企业慈善捐赠的正向关系。表现为：当企业所处地区的规范制度水平较高时，家族控制持续时间与企业慈善捐赠的正相关关系增强。

（七）认知制度环境对家族涉入与企业慈善捐赠关系的影响

认知制度环境是外界环境刺激与个人机体反应的中介，是关于世界的、内化于个体的表象反映。尤其是利益相关者（公众，包括消费者、供应商等）感知这一认知范畴的变量，被认为是提升企业价值的前提条件。因此，探讨认知制度环境对家族涉入与企业慈善捐赠关系的影响具有重要的理论意义。组织对合法性的认知会影响企业社会责任的决策。Scott等（1995）认为，组织要想在一个社会环境中生存下去并且蓬勃发展，除了必要的技术和基本物质资源外，还需要公众对组织行为的认可、信任进而能接受它。具体来说，公众对组织某一行为的理解和认识程度，依赖于构成整个社会现实和共同理解框架的文化共识及符合表象，比如，如果某种新产品、服务或新兴产业等获得公众的广泛接受，也就是公众对这些新事物的评价，即为认知制度环境（尹珏林，2010）。在本章研究中，

认知制度是指公众对家族企业慈善捐赠的评价。雷宇（2015）认为，公众如何看待企业的慈善捐赠？这是源自于文化传统的价值判断问题，也关系到现实中企业的道德建设问题。家族企业慈善捐赠有其家族动机，为了保护家族成员的社会情感财富，保全家族声誉，声誉就是公众评价。媒体之所以能够发挥治理功能，主要原因在于媒体对企业是否履行社会责任行为曝光，这使得非正式制度需要依靠社会公众来发挥作用。

据中国企业家调查系统数据显示，在国内，有90%以上的企业都以不同形式参与慈善捐赠行为，而且私营企业更为积极，主要动因是“提升企业声誉”。王端旭和潘奇（2011）以上市公司为样本，研究企业慈善捐赠与企业价值之间的关系，实证结果发现，慈善捐赠和企业价值的关系受利益相关者满足程度的影响，即利益相关者满足程度强化企业慈善捐赠和企业价值的正效应关系。家族涉入的企业会更关注公众对其行为的评价。当认知制度环境完善时，家族涉入与企业慈善捐赠的正相关关系越强，因为家族企业非常重视家族成员的社会情感财富和声誉，公众对企业行为的评价越高，会让家族企业合法性越强，此时，消费者会购买该企业产品，供应商更愿意和该企业长久合作，这就会提升企业价值，企业为了家族的社会情感财富，会更多履行慈善捐赠社会责任行为。Godfrey（2005）认为，企业慈善捐赠行为与公众价值观越接近，公众对企业慈善捐赠行为的评价越高。

家族性涉入越高的企业越希望获得社会公众认可，进而获得合法性。家族拥有和控制家族性资源恰恰是家族追求社会情感财富的前提，因此，家族拥有所有权越多、控制权越集中，家族企业就越希望得到合法性认可，在传承期通过慈善捐赠获得的社会情感财富越能够在家族企业中得到保存和延续。家族企业就是通过这种慈善行为让公众认可。在认知制度健全的地区，家族企业会更多履行慈善捐赠，媒体和网络会对其行为进行表扬，否则企业违背社会责任行为会受到强烈谴责，甚至惩罚。家族企业控制持续时间越久，企业主越希望企业成为百年老店，将企业文化延续和传承，企业要有责任感，随着认知制度的不断完善，在企业社会责任方面的文化认知加强，使企业履行社会责任会被认为是企业应尽的社会公德，因此，家族涉入程度越高，企业出于社会合法性以及获得关键资源的考虑，也会更积极履行企业社会责任。

基于上述分析，提出以下假设：

假设7-8：认知制度强化家族涉入与企业慈善捐赠的正向关系。

假设7-8a：认知制度强化家族所有权比例与企业慈善捐赠的正向关系。

假设7-8b：认知制度强化家族成员进入董事会比例与企业慈善捐赠的关系。

假设7-8c：认知制度正向调节家族控制持续时间与企业慈善捐赠的关系。

第二节 家族涉入与慈善捐赠关系的实证研究

一、家族涉入与慈善捐赠研究设计

（一）样本与数据来源

本章选取具备以下标准的家族企业为研究样本：①公司年报披露的最终控制人能追溯到家族或自然人。②公司的第一大股东对上市公司的控制权≥20%。③至少有两位具有亲缘关系的家族成员持股或担任上市公司高管。在此基础上，剔除了家族控制的金融类行业上市企业、ST类上市公司及慈善捐赠数据明显出错的公司，选取2010~2019年上市家族企业作为样本量。

（二）主要变量测量

1. 假设7-1至假设7-5的变量测量

因变量方面：慈善捐赠（Donation），本章主要参照高勇强等（2012）的文献，采用慈善捐赠行为（Ddonation）和慈善捐赠金额（LnDdonation）两个变量来衡量企业慈善捐赠。慈善捐赠行为（Ddonation）是虚拟变量；慈善捐赠金额（LnDdonation）[①] 是指搜集企业具体的慈善捐赠数量，然后将这一数值加1再进行对数处理来衡量。

自变量方面：家族涉入（Family Involvement），本章参照Zellweger等

① 家族企业慈善捐赠金额是根据公司年报中财务报表附注中的“营业外支出”科目下的明细项目“公益捐赠”“公益性捐赠支出”“公益性支出”“公益性捐赠支出”“公益救济性捐赠支出”“救济性捐赠”“救急捐赠”“救济捐赠支出”“捐赠款”“捐款”“对外捐赠支出”“捐款以及捐赠”整理得到的。

（2012）、Dou（2014）和陈凌等（2014）的研究，用三个变量指标来衡量家族涉入程度，即家族所有权比例（Fo）、家族成员进入董事会比例（Fdr）和家族控制持续时间（Dur）。家族所有权比例是按照La Porta等（1999）的做法，用现金流权衡量终极所有权。根据Dou等（2014）的研究，用家族成员进入董事会席位的人数占董事会总人数的比例来衡量家族成员进入董事会比例。家族控制持续时间是用家族企业登记注册的时间来衡量的。

调节变量方面：股权制衡度（Z），指的是上市家族企业中非控股大股东对控股股东的制衡程度。家族企业中制衡能力指数越高，表明股权制衡作用越好。吴丹（2013）研究认为，股权制衡度高的企业可以更好地保护企业内外部利益相关者的权益，有利于促进企业更好地履行社会责任。股权制衡程度用上市公司中第二大股东至第十大股东与第一大股东的比值来衡量。冗余资源（Slack），我们采用冗余资源度来代表家族企业冗余资源的丰富程度，即用流动资产和流动负债的比例来衡量。

控制变量方面：本章采用以下被证实的控制变量，企业规模（Size），资产负债率（Lev），资产收益率（Roa），广告强度（Ad），企业主政治身份（Pc）和企业主年龄（Do），企业主政治身份界定为是否为人大代表或政协委员，是为1，否则取0，是虚拟变量。

另外，本章还控制了家族企业所在行业（Industry）和年份（Year）因素的影响。根据中国证监会2012年10月颁布的上市公司行业分类指引，将上市家族企业按照界定的行业类型分为14类，划分为13个虚拟变量。与此同时，我们针对不同年份家族企业慈善捐赠情况的差异性，将2010～2019年划分为10个虚拟变量。假设7－1至假设7－5的变量定义和测量如表7－1所示。

表7－1　变量定义

	名称	变量	变量符号	定义
因变量	慈善捐赠	捐赠行为	Ddonation	企业是否进行慈善捐赠，捐赠为1，否则为0
		捐赠额度	LnDdonation	Ln（1＋捐赠金额）

续表

	名称	变量	变量符号	定义
自变量	家族涉入	家族所有权比例	Fo	家族企业创始人及其家族成员所有者权益总额比例之和
		家族成员进入董事会比例	Fdr	家族成员进入董事会席位的人数占董事会总人数的比例
		家族控制持续时间	Dur	家族企业登记注册到当前年的年数
调节变量	股权制衡度	股权制衡度	Z	第二大股东至第十大股东与第一大股东的比值
	冗余资源	冗余资源度	Slack	流动资产/流动负债
控制变量	企业规模	企业规模	Size	Ln（总资产）
	资产负债率	资产负债率	Lev	企业长期负债和总资产的比例
	资产收益率	资产收益率	Roa	企业的净利润除以总资产
	广告强度	广告强度	Ad	销售费用除以销售额
	企业主政治身份	企业主政治身份	Pc	如果企业主是人大代表或政协委员等，则设置为1，否则取0
	企业主年龄	企业主年龄	Do	企业主在当前年的年龄
	行业	行业哑变量	Industry	制造业按照细类划分

2. 假设7－6至假设7－8的变量测量

因变量和自变量与假设7－1至假设7－5的测量相同，调节变量和控制变量不同。

调节变量方面：关于制度环境变量，由于中国各区域经济发展水平明显不平衡，因此，各地区制度环境存在较大差异。本章采用王小鲁等（2017）所著的《中国分省份市场化指数报告（2016）》中的相关指标测量规制制度和规范制度。该市场化指数有以下特点：第一，较为全面地对各省、市、自治区的市场化进程进行解释和分析；第二，使用基本相同的指标进行持续的测度，从而提供了一个较为客观地反映市场化进程的稳定观测体系；第三，完全采用客观指标测度各地区的市场化进程的深度和广度；第四，基本上涵盖了市场化的各个主要方面，但又避免把反映市场化进程的变量与测量市场体制的变量相混淆。

该市场化指数参照国际研究经验，采用算术平均法计算权重来汇总各个分项指数。国内学者普遍采用王小鲁和樊纲等编制的市场化指数来衡量地区的制度环境。陈凌等（2014）也采用市场化指数来衡量研究中的制度环境。因此，本章采用市场化指数的分项指标来衡量规制制度和规范制度。

规制制度（Regulative Institutions）是指与政府的强制权力相关（强制权力要有效果，必须进行有效的监督和重要的制裁、惩罚）的制度性安排。笔者参考王倩（2014）的做法，采用樊纲等（2017）发展的五个方面指数中市场中介组织和法律制度环境的四个与法律规制相关的分项指数，采用算术平均法汇总这四个分项指数，得到各个地区的规制制度。规范制度（Normative Institutions）是指约束组织和个人行为规则和行为标准等因素，如发放资格认证、行业协会等。规范制度是用市场中介组织这个分项指标进行衡量的，反映各个地区行业协会以及会计师、律师等市场中介组织的发展情况。

认知制度（Cognitive Institutions）是指引导组织和个人行为的、内化于个体的理所当然（Take－for－granted）的价值观和信仰，是共同认知下的普遍接受的过程。在樊纲等（2017）的市场化指数中没有认知制度的分项指标，因此，认知制度无法通过市场化指数获得。雷宇（2015）认为，公众如何看待企业的慈善捐赠，这是源自于文化传统的价值判断问题，也关系到现实中企业的道德建设问题。组织要想在一个社会环境中生存下去并且蓬勃发展，除了必要的技术和基本物质资源外，还需要公众对组织行为的认可、信任进而能接受它。具体来说，公众对组织某一行为的理解和认识程度，依赖于构成整个社会现实和共同理解框架的文化共识及符合表象，比如，如果某种新产品、服务或新兴产业等获得公众的广泛接受，也就是公众对这些新事物的评价，即为认知制度环境（尹珏林，2010）。因此，针对每个上市公司来说，认知制度环境都是不同的。在本书研究中认知制度是指公众对家族企业慈善捐赠的评价。对于上市家族企业来说，公众对公司的评价集中体现在股票价格上，因此，认知制度的衡量采用雷宇的做法，用上市公司股票年末收盘价来衡量公众对家族企业慈善捐赠的评价。

控制变量方面：企业规模（Size）为上市家族企业的规模变量，用家族企业的总资产取自然对数得到。一般来说，总资产大的家族企业更拥有优势，占据更多的市场份额，更有能力进行更多慈善捐赠。因此，预期家族企业规模与企业慈善捐赠呈正相关关系。资产负债率（Lev），根据 Waddock 和 Graves（1997）、苏启林等（2003）的研究发现，企业负债率越高，则企业的绩效越低。认为企业的债务融资情况不同，在金融市场上遇到的风险就不同，就会影响企业的价值和慈善捐赠战略。该指标用家族企业长期负债和总资产的比例来衡量。冗余资源（Slack），主要分为两类：一类是未被吸收的（Unabsorbed）冗余，未被吸收的冗余比较灵活，比如现金、信用额度等类似现金等价物；另一类是已被吸收的（Absorbed）冗余，已被吸收的冗余存在于企业的内部管理中。有很多不同的测量方法：孙德升用销售成本费用比率测量，有学者用销售、财务和管理费用等测量。学者用若干代理变量来测量冗余资源，引起了理论界的争议。在舆论压力背景下，我们采用资源冗余度来代表家族企业冗余资源的丰富程度（王倩，2014），即流动资产和流动负债的比例来衡量。股权制衡度（Z），指的是上市家族企业中非控股大股东对控股股东的制衡程度。家族企业中制衡能力指数越高，表明股权制衡作用越好。吴丹（2013）研究认为，股权制衡度高的企业可以更好地保护企业内外部利益相关者的权益，有利于促进企业更好地履行社会责任。股权制衡程度用上市公司中第二大股东至第十大股东与第一大股东的比值来衡量。企业主政治身份（Pc）会直接影响家族企业的慈善捐赠战略决策（高勇强等，2012）。企业主政治身份界定为是否为人大代表或政协委员，是为 1，否则取 0，是虚拟变量。

另外，本书还控制了家族企业所在行业（Industry）和年份（Year）因素的影响。根据中国证监会 2012 年 10 月颁布的上市公司行业分类指引，将上市家族企业按照界定的行业类型分为 14 类，划分为 13 个虚拟变量。与此同时，我们针对不同年份家族企业慈善捐赠情况的差异性，将 2010～2019 年划分为 10 个虚拟变量。假设 7－6 至假设 7－8 的变量定义和测量如表 7－2 所示。

表 7－2 变量定义

	名称	变量	变量符号	定义
因变量	慈善捐赠	捐赠行为	Ddonation	企业是否进行慈善捐赠，捐赠为 1，否则为 0
		捐赠额度	LnDdonation	Ln（1＋捐赠金额）

续表

	名称	变量	变量符号	定义
自变量	家族涉入	家族所有权比例	Fo	家族企业创始人及其家族成员所有者权益总额比例之和
		家族成员进入董事会比例	Fdr	家族成员进入董事会席位的人数占董事会总人数的比例
		家族控制持续时间	Dur	家族企业登记注册到当前年的年数
调节变量	制度环境	规制制度	Ri	樊纲等编制的市场化指数相关内容计算
		规范制度	Ni	樊纲等编制的市场化指数相关内容计算
		认知制度	Ci	年末收盘价
控制变量	企业规模	企业规模	Size	Ln（总资产）
	资产负债率	资产负债率	Lev	企业长期负债和总资产的比例
	资产收益率	资产收益率	Roa	企业的净利润除以总资产
	冗余资源	冗余资源度	Slack	流动资产/流动负债
	股权制衡度	股权制衡度	Z	第二大股东至第十大股东与第一大股东的比值
	企业主政治身份	企业主政治身份	Pc	如果企业主是人大代表或政协委员等，则设置为1，否则取0

（三）模型设定

根据上述的研究假设7－1至假设7－5，设立如下多元回归模型验证家族涉入对企业慈善捐赠的影响。

$$donation_{it} = \alpha + \beta_1 Size_{it} + \beta_2 Lev_{it} + \beta_3 Ad_{it} + \beta_4 Roa_{it} + \beta_5 Do_{it} + \beta_6 Pc_{it} + \beta_7 Z_{it} \times Slack_{it} + \beta_8 Z_{it} + \beta_9 Slack_{it} + YearDummy + IndustryDummy + \varepsilon \quad (7-1)$$

$$donation_{it} = \alpha + \beta_1 Size_{it} + \beta_2 Lev_{it} + \beta_3 Ad_{it} + \beta_4 Roa_{it} + \beta_5 Do_{it} + \beta_6 Pc_{it} + \beta_7 Z_{it} \times Slack_{it} + \beta_8 Z_{it} + \beta_9 Slack_{it} + \beta_{10} Fo_{it} + \beta_{11} Fdr_{it} + \beta_{12} Dur_{it} + YearDummy + IndustryDummy + \varepsilon \quad (7-2)$$

为了检验股权制衡度和冗余资源对家族涉入与企业慈善捐赠的关系的调节作用，建立了如下回归方程

$$donation_{it} = \alpha + \beta_1 Size_{it} + \beta_2 Lev_{it} + \beta_3 Ad_{it} + \beta_4 Roa_{it} + \beta_5 Do_{it} + \beta_6 Pc_{it} + \beta_7 Z_{it} \times$$

$$Slack_{it} + \beta_8 Z_{it} + \beta_9 Slack_{it} + \beta_{10} Fo_{it} + \beta_{11} Fdr_{it} + \beta_{12} Dur_{it} + \beta_{13} Z_{it} \times Fo_{it} + \beta_{14} Z_{it} \times Fdr_{it} + \beta_{15} Z_{it} \times Dur_{it} + YearDummy + IndustryDummy + \varepsilon \quad (7-3)$$

$$donation_{it} = \alpha + \beta_1 Size_{it} + \beta_2 Lev_{it} + \beta_3 Ad_{it} + \beta_4 Roa_{it} + \beta_5 Do_{it} + \beta_6 Pc_{it} + \beta_7 Z_{it} \times Slack_{it} + \beta_8 Z_{it} + \beta_9 Slack_{it} + \beta_{10} Fo_{it} + \beta_{11} Fdr_{it} + \beta_{12} Dur_{it} + \beta_{13} Z_{it} \times Fo_{it} + \beta_{14} Z_{it} \times Fdr_{it} + \beta_{15} Z_{it} \times Dur_{it} + \beta_{16} Slack_{it} \times Fo_{it} + \beta_{17} Slack_{it} \times Fdr_{it} + \beta_{18} Slack_{it} \times Dur_{it} + YearDummy + IndustryDummy + \varepsilon \quad (7-4)$$

$$donation_{it} = \alpha + \beta_1 Size_{it} + \beta_2 Lev_{it} + \beta_3 Ad_{it} + \beta_4 Roa_{it} + \beta_5 Do_{it} + \beta_6 Pc_{it} + \beta_7 Z_{it} \times Slack_{it} + \beta_8 Z_{it} + \beta_9 Slack_{it} + \beta_{10} Fo_{it} + \beta_{11} Fdr_{it} + \beta_{12} Dur_{it} + \beta_{13} Z_{it} \times Fo_{it} + \beta_{14} Z_{it} \times Fdr_{it} + \beta_{15} Z_{it} \times Dur_{it} + \beta_{16} Slack_{it} \times Fo_{it} + \beta_{17} Slack_{it} \times Fdr_{it} + \beta_{18} Slack_{it} \times Dur_{it} + \beta_{19} Fo_{it} \times Z_{it} \times Slack_{it} + \beta_{20} Fdr_{it} \times Z_{it} \times Slack_{it} + \beta_{21} Dur_{it} \times Z_{it} \times Slack_{it} + YearDummy + IndustryDummy + \varepsilon \quad (7-5)$$

为验证提出的研究假设 7－6 至假设 7－8，设立如下的多元回归模型检验制度环境对家族涉入与企业慈善捐赠关系的影响：

$$donation_{it} = a + b_1 Size_{it} + b_2 Lev_{it} + b_3 Roa_{it} + b_4 Slack_{it} + b_5 Z_{it} + b_6 Pc_{it} + YearDummy + IndustryDummy + \mu \quad (7-6)$$

$$donation_{it} = a + b_1 Size_{it} + b_2 Lev_{it} + b_3 Roa_{it} + b_4 Slack_{it} + b_5 Z_{it} + b_6 Pc_{it} + b_7 Fo_{it} + b_8 Fdr_{it} + b_9 Dur_{it} + YearDummy + IndustryDummy + \mu \quad (7-7)$$

$$donation_{it} = a + b_1 Size_{it} + b_2 Lev_{it} + b_3 Roa_{it} + b_4 Slack_{it} + b_5 Z_{it} + b_6 Pc_{it} + b_7 Fo_{it} + b_8 Fdr_{it} + b_9 Dur_{it} + b_{10} Ri_{it} + b_{11} Fo_{it} \times Ri_{it} + b_{12} Fdr_{it} \times Ri_{it} + b_{13} Dur_{it} \times Ri_{it} + YearDummy + IndustryDummy + \mu \quad (7-8)$$

$$donation_{it} = a + b_1 Size_{it} + b_2 Lev_{it} + b_3 Roa_{it} + b_4 Slack_{it} + b_5 Z_{it} + b_6 Pc_{it} + b_7 Fo_{it} + b_8 Fdr_{it} + b_9 Dur_{it} + b_{14} Ni_{it} + b_{15} Ni_{it} \times Fo_{it} + b_{16} Ni_{it} \times Fdr_{it} + b_{17} Ni_{it} \times Dur_{it} + YearDummy + IndustryDummy + \mu \quad (7-9)$$

$$donation_{it} = a + b_1 Size_{it} + b_2 Lev_{it} + b_3 Roa_{it} + b_4 Slack_{it} + b_5 Z_{it} + b_6 Pc_{it} + b_7 Fo_{it} + b_8 Fdr_{it} + b_9 Dur_{it} + b_{18} Ci_{it} + b_{19} Ci_{it} \times Fo_{it} + b_{20} Ci_{it} \times Fdr_{it} + b_{21} Ci_{it} \times Dur_{it} + YearDummy + IndustryDummy + \mu \quad (7-10)$$

其中，$donation_{it}$表示慈善捐赠的两个变量 $Ddonation_{it}$和 $LnDdonation_{it}$，Size 表示企业规模，Lev 表示企业的资产负债率，Roa 表示企业的资产收益率，Slack 表示企业冗余资源，Pc 表示企业主政治身份，Fo 表示家族所有权比例，Fdr 表示企业的家族成员进入董事会比例，Dur 表示家族控制持续时间，Ri 表示规制制度，Ri × Fo 表示规制制度和家族所有权比例的交互项，Ri × Fdr 表示规制制度和家族成员进入董事会比例的交互项，Ri × Dur 表示规制制度和家族控制持续时间的交互项，Ni 表示规范制度，Ni × Fo 表示规范制度和家族所有权比例的交互项，Ni × Fdr 表示规范制度和家族成员进入董事会比例的交互项，Ni × Dur 表示规范制度和家族控制持续时间的交互项，Ci 表示认知制度，Ci × Fo 表示认知制度与家族所有权比例的交互项，Ci × Fdr 表示认知制度与家族成员进入董事会比例的交互项，Ci × Dur 表示认知制度与家族控制持续时间的交互项，i 表示上市家族企业，t 表示年份，YearDummy 表示年份哑变量，IndustryDummy 表示行业哑变量，μ 表示误差项。

二、实证分析结果

（一）描述性统计

表 7 – 3 是假设 7 – 1 至假设 7 – 5 的变量的描述性统计结果。表 7 – 3 中数据显示经过处理后的家族企业慈善捐赠（对企业捐赠取对数）平均值为 9.436，标准差为 5.850，与 Wang 和 Qian（2011）的数据处理结果相近。其他解释变量具体来说，上市家族企业中家族所有权比例平均值为 33.69，家族成员进入董事会比例平均值为 0.179，家族控制持续时间平均值为 12.59，总体来说，家族涉入还是比较普遍。本章以股权制衡度和冗余资源两个维度对家族企业进行分类，由于这两个指标的最大值和最小值差距很大，因此，我们选取这两个指标的中位数（Median）作为家族企业的“分水岭”。即家族企业股权制衡度大于 0.707，为股权制衡强的企业，否则为股权制衡弱的企业；家族企业的冗余资源大于 1.658 的企业，为冗余资源丰富的企业，否则为家族企业冗余资源匮乏的企业。

表 7－3　主要变量的描述性统计

变量	平均值	标准差	最小值	中位数	最大值
捐赠行为	0. 739	0. 439	0. 000	1. 000	1. 000
捐赠额度	9. 436	5. 850	0. 000	12. 06	18. 220
家族所有权比例	33. 69	15. 66	1. 828	32. 000	92. 350
家族成员进入董事会比例	0. 179	0. 083	0. 040	0. 167	0. 583
家族控制持续时间	12. 59	5. 080	0. 000	12. 000	34. 000
企业规模	21. 41	1. 053	16. 510	21. 290	25. 130
资产负债率	0. 453	0. 475	0. 025	0. 434	12. 240
资产收益率	0. 088	0. 368	－8. 407	0. 083	12. 370
广告强度	0. 085	0. 432	0. 000	0. 043	19. 000
企业主政治身份	0. 681	0. 466	0. 000	1. 000	1. 000
企业主年龄	50. 83	8. 332	21. 000	50. 000	72. 000
股权制衡度	0. 950	0. 980	0. 019	0. 707	15. 003

表 7－4 是假设 7－6 至假设 7－8 变量的描述性统计结果。由表 7－4 可知，上市家族企业平均 73. 90% 参加过慈善捐赠，经过处理后的家族企业慈善捐赠（对企业捐赠取对数）平均值为 9. 436，标准差为 5. 850，表明家族企业积极履行慈善捐赠社会责任行为。其他解释变量具体来说，上市家族企业中家族所有权比例平均值为 33. 69，家族成员进入董事会比例平均值为 17. 90%，家族控制持续时间平均值为 12. 59，总体来说，家族涉入还是比较普遍。企业主政治身份占比平均值为 68. 10%，有相当部分的家族企业的企业主会当人大代表或政协委员，股权制衡度平均为 95. 00%，表明上市家族企业股东之间能够相互制衡，上市家族企业年末收盘价最小值为东方金钰（600086），2015 年收盘价为 1. 68 元，最大值为天马股份（002122），2017 年收盘价为 149. 90 元。

表 7－4　变量描述性统计

变量	平均值	标准差	最小值	中位数	最大值
捐赠行为	0. 739	0. 439	0. 000	1. 000	1. 000
捐赠额度	9. 436	5. 850	0. 000	12. 060	18. 220

续表

变量	平均值	标准差	最小值	中位数	最大值
家族所有权比例	33.69	15.660	1.828	32.000	92.350
家族成员进入董事会比例	0.179	0.083	0.040	0.167	0.583
家族控制持续时间	12.590	5.080	0.000	12.000	34.000
企业规模	21.410	1.053	16.510	21.290	25.130
资产负债率	0.453	0.475	0.025	0.434	12.240
资产收益率	0.057	0.107	-1.542	0.049	2.284
冗余资源	20.790	1.348	12.550	20.790	25.410
企业主政治身份	0.681	0.466	0.000	1.000	1.000
股权制衡度	0.950	0.980	0.019	0.707	15.003
规制制度	14.680	6.792	3.000	16.300	23.680
规范制度	7.091	1.351	2.280	7.070	10.000
认知制度	14.900	13.420	1.680	10.850	149.900

（二）变量相关性分析

对假设7-1至假设7-5的回归模型中的变量指标进行Pearson相关系数分析。相关性分析结果如表7-5所示，主要变量对慈善捐赠都有影响，说明所选择的变量是合适的。虽然主要解释变量之间存在相关性，但相关系数绝对值均小于0.4，而且模型的方差膨胀因子小于10，模型中的解释变量不存在多重共线性。

表7-6是假设7-6至假设7-8的模型中变量相关性分析。由表7-6可知，变量家族涉入中的家族所有权比例对慈善捐赠有积极影响，家族成员进入董事会比例与慈善捐赠没有显著相关性，家族控制持续时间对慈善捐赠有积极影响。在企业特征中，企业规模、资产负债率、资产收益率和冗余资源对慈善捐赠是有影响的，股权制衡度与慈善捐赠没有显著相关性。企业主政治身份对慈善捐赠有积极影响。制度环境中的规制制度、规范制度和认知制度对慈善捐赠均有积极影响。主要控制变量对家族企业慈善捐赠都有影响，就制度环境对家族涉入和企业慈善捐赠关系的影响而言，本书所选择的控制变量是合适的。

表 7-5 相关性分析结果（一）

	1. Ddonation	2. Ln Ddonation	3. Fo	4. Fdr	5. Dur	6. Size	7. Lev	8. Roa	9. Ad	10. Pc	11. Do	12. Z	13. Slack
1. Ddonation	1												
2. Ln Ddonation	0.9579 ***	1											
3. Fo	0.0585 ***	0.0487 **	1										
4. Fdr	-0.0233	-0.0274	0.0208	1									
5. Dur	0.0074 *	0.0340 *	-0.2386 ***	-0.0435	1								
6. Size	0.2988 ***	0.3796 ***	-0.0283	-0.0828 **	0.3171 ***	1							
7. Lev	-0.0672 ***	-0.0480 **	-0.0587 ***	-0.0312	0.0935 ***	0.0155	1						
8. Roa	0.0284	0.0402 *	0.0411	-0.0189	-0.0209	0.0276	0.0125	1					
9. Ad	-0.0312	-0.0316	0.0332	0.0009	-0.0218	-0.0288	-0.0099	0.0162	1				
10. Pc	0.1195 ***	0.1374 ***	-0.0131	0.0705 ***	0.1023 ***	0.0412 ***	-0.0216	0.0179	-0.0294	1			
11. Do	0.1026 ***	0.1233 ***	-0.0792 ***	0.0938 ***	0.2140 ***	0.2462 ***	-0.0432	-0.0048	0.0120	0.1726 ***	1		
12. Z	0.0768 ***	0.0723 ***	-0.485 ***	0.0437	-0.1346 ***	-0.1235 **	-0.0373	0.0567 **	0.0160	-0.0575 ***	-0.0396 *	1	
13. Slack	0.0095	-0.0174 ***	0.1077 ***	-0.0015 **	-0.0971 ***	-0.1959 **	-0.2915 **	0.0056	0.0297	-0.0707 ***	-0.0039	0.0345	1

注：* 表示 $p<0.1$，** 表示 $p<0.05$，*** 表示 $p<0.01$，括号中为标准误。

表 7-6 相关性分析结果（二）

	1. Ddonation	2. Ln Ddonation	3. Fo	4. Fdr	5. Dur	6. Size	7. Lev	8. Roa	9. Slack	10. Pc	11. Z	12. Ri	13. Ni	14. Ci
1. Ddonation	1													
2. Ln Ddonation	0.9579***	1												
3. Fo	0.0585***	0.0487**	1											
4. Fdr	-0.0233	-0.0274	0.0208	1										
5. Dur	0.0074*	0.0340*	-0.2386***	-0.0435	1									
6. Size	0.2988***	0.3796***	-0.0283	-0.0828***	0.3171***	1								
7. Lev	-0.0672***	-0.0480**	-0.0587***	0.0312	0.0935***	0.0155	1							
8. Roa	0.0662***	0.0798***	0.0955***	0.0022	-0.1049***	-0.0329	-0.0526**	1						
9. Slack	0.3030***	0.3713***	0.0256	-0.0828***	0.1768***	0.8172***	-0.0425	0.0035	1					
10. Pc	0.1195***	0.1374***	-0.0131	0.0705***	0.1023***	0.1402***	-0.0216	-0.0166	0.1904***	1				
11. Z	0.0082	0.0087	-0.0268	0.0839***	0.1526***	0.0710***	0.0310	-0.0452**	0.0110	0.0011	1			
12. Ri	0.1343***	0.1432***	-0.0301	-0.0708***	0.0634***	0.1124***	0.0866***	-0.0182	0.0845***	0.0671***	-0.0585***	1		
13. Ni	0.0563**	0.0576***	0.0022	-0.0341	-0.0303	0.0320	-0.0642***	-0.0288	0.0028	-0.0263	-0.0352	0.8189***	1	
14. Ci	0.0485**	0.0440**	0.2141***	-0.0370	-0.1996***	-0.0620***	-0.1479***	0.2911***	-0.0023	-0.0748***	-0.1348***	0.0283	0.0089	1

注：* 表示 $p<0.1$，** 表示 $p<0.05$，*** 表示 $p<0.01$，括号中为标准误。

（三）回归分析结果

家族涉入与慈善捐赠关系回归结果如表7-7中的模型（7-1）至模型（7-5）所示。看模型（7-1），在企业主层面上，家族企业主的政治身份对企业慈善捐赠行为有积极影响（系数为0.315，p<0.01），也就是说企业主如果是人大代表或政协委员，该家族企业会更多进行慈善捐赠行为。企业规模、股权制衡度、冗余资源与企业慈善捐赠行为有显著正向影响（系数为0.712，p<0.01；系数为0.006，p<0.1；系数为0.254，p<0.01）。资产负债率与企业慈善捐赠行为显著负相关（系数为-1.903，p<0.01）。股权制衡度和冗余资源的交互项与企业慈善捐赠行为负相关（系数为-0.012，p<0.01），表明家族企业的慈善捐赠行为受家族企业的股权制衡度和冗余资源两个维度的影响。

表7-7　Logit回归分析结果

变量	模型（7-1） Ddonation	模型（7-2） Ddonation	模型（7-3） Ddonation	模型（7-4） Ddonation	模型（7-5） Ddonation
企业规模	0.712*** (0.102)	0.790*** (0.107)	0.746*** (0.105)	0.795*** (0.108)	0.787*** (0.108)
资产负债率	-1.903*** (0.323)	-1.757*** (0.325)	-1.538*** (0.333)	-1.768*** (0.328)	-1.806*** (0.327)
资产收益率	0.076 (0.137)	0.073 (0.137)	0.074 (0.135)	0.067 (0.134)	0.065 (0.134)
广告强度	-0.039 (0.139)	-0.068 (0.150)	-0.071 (0.152)	-0.074 (0.153)	-0.096 (0.164)
企业主政治身份	0.315*** (0.116)	0.335*** (0.118)	0.327*** (0.118)	0.332*** (0.119)	0.336*** (0.118)
企业主年龄	-0.005 (0.007)	0.0004 (0.007)	0.003 (0.007)	0.0008 (0.007)	0.0009 (0.007)
股权制衡度	0.006* (0.004)	0.016*** (0.005)	0.326** (0.166)	0.014*** (0.006)	0.012** (0.005)
冗余资源	0.254*** (0.075)	0.217*** (0.076)	0.217*** (0.076)	0.202*** (0.077)	0.016** (0.082)

续表

变量	模型（7－1） Ddonation	模型（7－2） Ddonation	模型（7－3） Ddonation	模型（7－4） Ddonation	模型（7－5） Ddonation
股权制衡度×冗余资源	－0.012*** （0.003）	－0.011*** （0.003）	－0.010*** （0.003）	－0.013*** （0.004）	0.012*** （0.004）
家族所有权比例	—	0.011** （0.005）	0.013*** （0.006）	0.013*** （0.005）	0.012** （0.005）
家族成员进入董事会比例	—	0.501 （0.649）	0.500 （0.656）	0.761 （0.677）	0.903 （0.682）
家族控制持续时间	—	0.033*** （0.012）	0.026** （0.013）	0.028** （0.012）	－0.024*** （0.012）
家族所有权比例×股权制衡度	—	—	0.016*** （0.006）	0.005** （0.004）	0.003** （0.004）
家族成员进入董事会比例×股权制衡度	—	—	1.769** （0.832）	0.547* （0.596）	0.708* （0.610）
家族所有权比例×冗余资源	—	—	—	0.0004** （0.0002）	0.003** （0.001）
家族成员进入董事会比例×冗余资源	—	—	—	0.069 （0.050）	0.135* （0.191）
家族控制持续时间×冗余资源	—	—	—	0.0002*** （0.0008）	0.0096*** （0.003）
家族所有权比例×股权制衡度×冗余资源	—	—	—	—	0.004* （0.001）
家族成员进入董事会比例×股权制衡度×冗余资源	—	—	—	—	0.010* （0.0005）
家族控制持续时间×股权制衡度×冗余资源	—	—	—	—	0.0006*** （0.0002）
常数	－13.143*** （2.132）	－14.287*** （2.212）	－14.374*** （2.229）	－14.558** （2.241）	－14.458*** （2.249）
年份	控制	控制	控制	控制	控制
行业	控制	控制	控制	控制	控制
观测值	2015	2015	2015	2015	2015

续表

变量	模型（7－1） Ddonation	模型（7－2） Ddonation	模型（7－3） Ddonation	模型（7－4） Ddonation	模型（7－5） Ddonation
Pseudo R^2	0.1201	0.1216	0.1274	0.1283	0.1286
Chi2	276.19***	281.26***	294.43***	296.65***	297.24***

注：*表示 $p<0.1$，**表示 $p<0.05$，***表示 $p<0.01$，括号中为标准误。

看模型（7－2），加入家族涉入的三个变量，以检验家族涉入各个变量对企业慈善捐赠行为的影响。从中可以看出，家族所有权比例（Fo）与慈善捐赠行为显著正相关（系数为0.011，$p<0.05$），家族成员进入董事会比例（Fdr）与慈善捐赠行为正相关，但不显著，家族控制持续时间与慈善捐赠行为显著正相关（系数为0.033，$p<0.01$）。综合可得出，家族涉入与慈善捐赠行为显著正相关，因此，假设7－1a至假设7－1c基本得到支持。

看模型（7－3），加入股权制衡度调节变量，股权制衡度正向调节家族涉入与慈善捐赠行为的关系，Pseudo R^2 为0.1274。家族所有权比例（Fo）与股权制衡度（Z）的交互项系数为0.016，并在0.01水平上显著，家族成员进入董事会比例（Fdr）与股权制衡度（Z）的交互项系数为1.769，并在0.05水平上显著，由此可知，股权制衡度正向调节家族涉入与慈善捐赠行为的关系。假设7－2及假设7－2a至假设7－2c得到验证。

看模型（7－4），加入了冗余资源调节变量，由表中数据可以看出，冗余资源正向调节家族涉入与慈善捐赠行为的关系，Pseudo R^2 为0.1283。家族所有权比例（Fo）与冗余资源（Slack）的交互项系数为0.0004，并在0.05水平上显著，家族成员进入董事会比例（Fdr）与冗余资源（Slack）的交互项系数为正，但不显著，家族控制持续时间（Dur）与冗余资源（Slack）的交互项系数为0.0002，并在0.01水平上显著，综合来看，冗余资源正向调节家族涉入与慈善捐赠行为的关系。假设7－3及假设7－3a至假设7－3c基本得到验证。

看模型（7－5），加入股权制衡度和冗余资源两个变量的调节效应，股权制衡度、冗余资源与家族涉入三个变量的交互项系数都显著为正，说明家族涉入与慈善捐赠受股权制衡度和冗余资源两个变量的共同影响。

（四）固定效应模型回归分析

为了验证假设7－4和假设7－5，本章采用象限分析框架（见图7－1），将处于不同象限的企业分组进行固定效应回归分析。具体回归结果如表7－8所示。当家族企业是第一种类型企业，即股权制衡度Z＞70.7%和冗余资源Slack＞1.658，具体来说，家族企业的股权制衡度大于70.7%，冗余资源大于1.658时，家族企业属于股权制衡度高、冗余资源丰富的企业，家族涉入与慈善捐赠基本是正相关关系，由此可知，假设7－4及假设7－4a至假设7－4c基本得到支持。当家族企业是第二种类型企业，即股权制衡度Z＞70.7%和冗余资源Slack＜1.658，具体来说，家族企业的股权制衡度大于70.7%，冗余资源小于1.658时，家族企业属于股权制衡度高、冗余资源匮乏的企业，但家族企业主因为社会情感财富的存在，仍会进行慈善捐赠行为，家族涉入对慈善捐赠是有积极影响的，但只有家族所有权比例对慈善捐赠的影响是显著的（系数为0.062，$p<0.05$），家族成员进入董事会比例和家族控制持续时间对慈善捐赠有正向作用，但不显著，假设7－5部分得到验证，假设7－5a得到了验证，假设7－5b和假设7－5c没有得到验证。

表7－8　四种类型企业家族涉入与慈善捐赠回归结果分析

变量	解释变量：LnDdonation			
	Z＞70.7% Slack＞1.658	Z＞70.7% Slack＜1.658	Z＜70.7% Slack＞1.658	Z＜70.7% Slack＜1.658
企业规模	2.489** (0.387)	2.189*** (0.321)	2.162*** (0.314)	2.379*** (0.385)
资产负债率	－2.705 (2.089)	－0.090 (0.368)	－0.885 (0.770)	－3.003 (1.999)
资产收益率	10.352** (3.247)	0.968** (0.490)	7.330** (3.436)	3.349*** (1.133)
广告强度	6.218** (2.987)	－0.917 (2.857)	－0.534** (0.267)	－2.921 (3.200)

续表

变量	解释变量：LnDdonation			
	Z > 70.7% Slack > 1.658	Z > 70.7% Slack < 1.658	Z < 70.7% Slack > 1.658	Z < 70.7% Slack < 1.658
企业主政治身份	1.734 *** (0.579)	0.163 * (0.602)	0.460 (0.619)	0.339 (0.605)
企业主年龄	0.009 (0.038)	0.102 (0.043)	-0.018 (0.044)	-0.016 (0.048)
家族所有权比例	0.037 * (0.021)	0.062 ** (0.034)	-0.007 (0.041)	0.127 *** (0.035)
家族成员进入董事会比例	0.247 (3.897)	3.185 (4.031)	2.047 (8.430)	-1.364 (7.408)
家族控制持续时间	0.128 * (0.068)	0.034 (0.071)	0.210 (0.190)	0.272 ** (0.136)
常数项	-44.956 *** (7.270)	-44.419 *** (6.421)	-38.243 *** (6.461)	-36.755 *** (7.875)
年份	控制	控制	控制	控制
行业	控制	控制	控制	控制
F	3.77 ***	2.53 ***	1.98 ***	3.16 ***
观测值	520	489	518	488
R - squared	0.2197	0.2533	0.1744	0.1637

注：* 表示 $p < 0.1$，** 表示 $p < 0.05$，*** 表示 $p < 0.01$，括号中为标准误。

（五）第一阶段 Logit 回归结果分析

验证假设 7-6 至假设 7-8 的回归结果如表 7-9 所示。从表 7-9Logit 回归分析结果可以看出，看模型（7-6），在企业主层面上，家族企业主政治身份（Pc）与企业慈善捐赠行为（Ddonation）有正相关关系（系数为 0.359，$p < 0.01$），具体来说，企业主如果是人大代表或政协委员，家族企业更可能进行慈善捐赠行为。企业规模（Size）对企业慈善捐赠行为（Ddonation）有显著正向影响（系数为 0.689，$p < 0.01$），表明总资产越多的家族企业越有可能进行慈善捐赠；资产收益率（Roa）与企业慈善捐赠行为（Ddonation）有正相关关系（系数为 2.800，$p < 0.01$），表明家族企业资产收益率越高，企业越有可能进行慈善捐

赠；冗余资源（Slack）与企业慈善捐赠行为（Ddonation）有正相关关系（系数为0.226，$p<0.01$），表明家族企业的冗余资源越多，企业越有可能进行慈善捐赠行为；资产负债率（Lev）与企业慈善捐赠行为（Ddonation）显著负相关（系数为-1.494，$p<0.01$），表明企业的资产负债率越高，企业偿债压力越大，因此，企业就会减少慈善捐赠行为。以上分析表明选择的控制变量适合。

表7-9　Logit回归分析结果

变量	模型（7-6） Ddonation	模型（7-7） Ddonation	模型（7-8） Ddonation	模型（7-9） Ddonation	模型（7-10） Ddonation
企业规模	0.689*** (0.099)	0.771*** (0.103)	0.724*** (0.105)	0.759*** (0.104)	0.767*** (0.104)
资产负债率	-1.494*** (0.338)	-1.484*** (0.338)	-1.355*** (0.344)	-1.522*** (0.340)	-1.514*** (0.344)
资产收益率	2.800*** (0.891)	2.318*** (0.866)	2.519*** (0.867)	2.524*** (0.856)	2.433*** (0.942)
股权制衡度	0.000 (0.002)	0.001 (0.002)	0.001 (0.002)	0.001 (0.002)	0.001 (0.002)
企业主政治身份	0.359*** (0.115)	0.390*** (0.117)	0.355*** (0.117)	0.385*** (0.117)	0.373*** (0.117)
冗余资源	0.226*** (0.073)	0.197*** (0.074)	0.224*** (0.075)	0.222*** (0.074)	0.203*** (0.075)
家族所有权比例	—	0.004** (0.002)	0.003* (0.004)	0.003* (0.004)	0.004* (0.004)
家族成员进入董事会比例	—	0.396* (0.646)	0.173 (0.690)	0.189 (0.677)	0.272 (0.661)
家族控制持续时间	—	0.034*** (0.012)	0.032*** (0.012)	0.032*** (0.012)	0.034*** (0.012)
规制制度	—	—	0.034*** (0.009)	—	—
家族所有权比例×规制制度	—	—	0.001 (0.001)	—	—

续表

变量	模型（7－6）Ddonation	模型（7－7）Ddonation	模型（7－8）Ddonation	模型（7－9）Ddonation	模型（7－10）Ddonation
家族成员进入董事会比例×规制制度	—	—	0.197* (0.102)	—	—
家族控制持续时间×规范制度	—	—	0.001 (0.002)	—	—
规范制度	—	—	—	0.104** (0.042)	—
家族所有权比例×规范制度	—	—	—	0.001 (0.003)	—
家族成员进入董事会比例×规范制度	—	—	—	1.699*** (0.515)	—
家族控制持续时间×规范制度	—	—	—	0.002 (0.009)	—
认知制度	—	—	—	—	0.004* (0.006)
家族所有权比例×认知制度	—	—	—	—	0.000 (0.000)
家族成员进入董事会比例×认知制度	—	—	—	—	0.093 (0.060)
家族控制持续时间×认知制度	—	—	—	—	0.002* (0.001)
常数项	－17.986*** (1.464)	－19.146*** (1.531)	－18.723** (1.552)	－19.384** (1.548)	－19.181** (1.541)
年份	控制	控制	控制	控制	控制
行业	控制	控制	控制	控制	控制
观测值	2016	2015	2015	2015	2013
Pseudo R^2	0.12	0.125	0.135	0.132	0.127
Chi2	278.03***	289.13***	311.80***	305.27***	293.09***

注：*表示 $p<0.1$，**表示 $p<0.05$，***表示 $p<0.01$；括号中为标准误。

看模型（7－7），加入家族涉入的三个变量，从中可以看出，家族涉入对慈善捐赠行为有积极影响，Pseudo R^2 为 0.125。家族所有权比例（Fo）对慈善捐赠行为有积极影响（系数为0.004，$p<0.05$），家族成员进入董事会比例（Fdr）对慈善捐赠行为有积极影响（系数为0.396，$p<0.1$），家族控制持续时间对慈善捐赠行为有积极影响（系数为0.034，$p<0.01$）。因此，家族涉入与慈善捐赠行为显著正相关，家族涉入对慈善捐赠行为有积极影响。

看模型（7-8），在家族涉入三个变量的基础上加入规制制度调节变量。由表7-9中数据可知，家族所有权比例（Fo）与规制制度（Ri）的交互项系数为0.001，但不显著，家族成员进入董事会比例（Fdr）与规制制度（Ri）的交互项系数为0.197，并在0.1水平上显著，表明规制制度正向调节家族成员进入董事会比例与慈善捐赠行为的正向关系，家族控制持续时间（Dur）与规制制度（Ri）的交互项系数为0.001，但不显著。由此可知，假设7-6b得到验证。

看模型（7-9），在家族涉入三个变量的基础上加入规范制度调节变量。从表7-9中数据可以看出，家族所有权比例（Fo）与规范制度（Ni）的交互项系数为0.001，但不显著，家族成员进入董事会比例（Fdr）与规范制度（Ni）的交互项系数为1.699，并在0.01水平上显著，表明规范制度正向调节家族成员进入董事会比例与企业慈善捐赠行为的关系。家族控制持续时间（Dur）与规范制度（Ni）的交互项系数为0.002，但不显著。由此可知，假设7-7b得到验证。

看模型（7-10），在家族涉入三个变量的基础上加入认知制度调节变量，从表7-9中数据可以看出，只有家族控制持续时间（Dur）与认知制度（Ci）的交互项系数为0.002，并在0.1水平上显著，由此可知，假设7-8c得到验证。

（六）第二阶段Tobit回归分析结果

为了进一步检验假设7-6至假设7-8制度环境对家族涉入与慈善捐赠金额的关系的调节作用，下面用慈善捐赠金额LnDdonation作为因变量，用Tobit方法进行回归分析，回归结果如表7-10所示。

表7-10　Tobit回归分析结果

变量	模型（7-6） LnDdonation	模型（7-7） LnDdonation	模型（7-8） LnDdonation	模型（7-9） LnDdonation	模型（7-10） LnDdonation
企业规模	1.386*** (0.237)	1.498*** (0.257)	1.364*** (0.257)	1.457*** (0.257)	1.566*** (0.259)

续表

变量	模型（7-6）LnDdonation	模型（7-7）LnDdonation	模型（7-8）LnDdonation	模型（7-9）LnDdonation	模型（7-10）LnDdonation
资产负债率	-0.472* (0.256)	-0.425* (0.257)	-0.324 (0.256)	-0.411 (0.257)	-0.439* (0.258)
资产收益率	4.811*** (1.109)	4.586*** (1.111)	4.450*** (1.107)	4.648*** (1.112)	4.662*** (1.145)
股权制衡度	0.003 (0.006)	0.003 (0.006)	0.005 (0.006)	0.003 (0.006)	0.003 (0.006)
企业主政治身份	0.490** (0.302)	0.551* (0.309)	0.406 (0.308)	0.554* (0.308)	0.569* (0.310)
冗余资源	0.716*** (0.192)	0.685*** (0.193)	0.725*** (0.193)	0.702*** (0.193)	0.627*** (0.196)
家族所有权比例	—	0.021** (0.010)	0.019* (0.010)	0.020* (0.010)	0.022** (0.011)
家族成员进入董事会比例	—	0.356* (2.259)	0.808 (2.256)	0.812 (2.258)	0.176 (2.265)
家族控制持续时间	—	0.036* (0.038)	0.072* (0.039)	0.044* (0.038)	0.035* (0.039)
规制制度	—	—	0.123*** (0.027)	—	—
家族所有权比例×规制制度	—	—	0.002* (0.001)	—	—
家族成员进入董事会比例×规制制度	—	—	0.226* (0.293)	—	—
家族控制持续时间×规制制度	—	—	0.004 (0.004)	—	—
规范制度	—	—	—	0.316** (0.137)	—
家族所有权比例×规范制度	—	—	—	0.001 (0.007)	—
家族成员进入董事会比例×规范制度	—	—	—	2.520* (1.617)	—

续表

变量	模型（7－6） LnDdonation	模型（7－7） LnDdonation	模型（7－8） LnDdonation	模型（7－9） LnDdonation	模型（7－10） LnDdonation
家族控制持续时间×规范制度	—	—	—	0.002 （0.023）	—
认知制度	—	—	—	—	0.008 * （0.011）
家族所有权比例×认知制度	—	—	—	—	0.001 * （0.001）
家族成员进入董事会比例×认知制度	—	—	—	—	0.103 （0.101）
家族控制持续时间×认知制度	—	—	—	—	0.002 * （0.002）
常数项	－35.50 *** （3.080）	－37.32 *** （3.579）	－35.26 *** （3.588）	－36.80 *** （3.584）	－37.64 *** （3.587）
年份	控制	控制	控制	控制	控制
行业	控制	控制	控制	控制	控制
观测值	2016	2015	2015	2015	2013
Pseudo R^2	0.126	0.127	0.136	0.138	0.142
Chi2	286.91 ***	293.72 ***	322.30 ***	302.97 ***	299.28 ***

注：* 表示 $p<0.1$，** 表示 $p<0.05$，*** 表示 $p<0.01$；括号中为标准误。

从表7－10中的数据可知，看模型（7－6），在企业主层面上，家族企业主政治身份（Pc）与企业慈善捐赠额度（LnDdonation）有正相关关系（系数为0.490，$p<0.05$），说明企业主是人大代表或政协委员，该家族企业会更多参与慈善捐赠。在企业层面上，企业规模（Size）对企业慈善捐赠金额（LnDdonation）有显著正向影响（系数为1.386，$p<0.01$），表明资产规模越大的家族企业慈善捐赠越多；资产收益率（Roa）与企业慈善捐赠金额（LnDdonation）有正相关关系（系数为4.811，$p<0.01$），表明家族企业资产收益率越高，慈善捐赠越多；冗余资源与企业慈善捐赠金额有正相关关系（系数为0.716，$p<0.01$），表明家族企业的冗余资源越多，企业进行慈善捐赠金额越多；资产负债率与企业慈善捐赠金额显著负相关（系数为－0.472，$p<0.1$），表明企业的资产负债率越

高，受到债权人的监督越大，因此，企业的慈善捐赠越少；Tobit 回归方法再次验证了选择的控制变量合适。

看模型（7－7），加入家族涉入的三个变量，以检验家族涉入各个变量对企业慈善捐赠金额的影响。家族涉入对慈善捐赠金额是有积极影响的，Pseudo R^2 为0.127。家族所有权比例（Fo）与慈善捐赠金额显著正相关（系数为0.021，$p<0.05$），家族成员进入董事会比例（Fdr）与慈善捐赠金额正相关（系数为0.356，$p<0.1$），家族控制持续时间与慈善捐赠金额显著正相关（系数为0.036，$p<0.1$）。综合可得出，家族涉入与慈善捐赠金额显著正相关，因此，再次通过 Tobit 模型验证了家族涉入与慈善捐赠的正相关关系。

看模型（7－8），在家族涉入三个变量的基础上加入规制制度调节变量。从表中数据可知，家族所有权比例（Fo）与规制制度（Ri）的交互项系数为0.002，并在0.1 水平上显著，表明规制制度正向调节家族所有权比例与慈善捐赠金额的正向关系，家族成员进入董事会比例（Fdr）与规制制度（Ri）的交互项系数为0.226，并在0.1 水平上显著，表明规制制度正向调节家族成员进入董事会比例与慈善捐赠金额的正向关系，家族控制持续时间（Dur）与规制制度（Ri）的交互项系数为正，但不显著。由此可知，假设7－6a 和假设7－6b 得到验证。

看模型（7－9），在家族涉入三个变量的基础上加入规范制度调节变量。由表中数据可以看出，家族所有权比例（Fo）与规范制度（Ni）的交互项系数为正，但不显著，家族成员进入董事会比例（Fdr）与规范制度（Ni）的交互项系数为2.520，并在0.1 水平上显著，表明规范制度正向调节家族成员进入董事会比例与企业慈善捐赠金额的关系。家族控制持续时间（Dur）与规范制度（Ni）的交互项系数为正，但不显著。由此可知，假设7－7b 得到验证。

看模型（7－10），在家族涉入三个变量的基础上加入认知制度调节变量，由表中数据可以看出，家族所有权比例（Fo）与认知制度（Ci）的交互项系数为0.001，并在0.1 水平上显著，表明认知制度正向调节家族所有权比例与企业慈善捐赠金额的关系，家族成员进入董事会比例（Fdr）与认知制度（Ci）的交互项系数为正，但不显著，家族控制持续时间（Dur）与认知制度（Ni）的交互项系数为0.002，并在0.1 水平上显著，表明认知制度正向调节家族控制持续时间与企业慈善捐赠金额的关系。由此可知，假设7－8a 和假设7－8c 得到验证。

第三节　总结家族企业子承父业家族涉入与慈善捐赠机理

一、研究结论

综合以上讨论，可以得出：第一，家族涉入与企业慈善捐赠基本是正相关关系，家族涉入中家族所有权比例和家族控制持续时间与企业慈善捐赠显著正相关。基于 SEW 角度分析，家族性涉入程度越高，家族成员和公司的关系越紧密，企业主就有更强动机通过慈善捐赠等这种自保行为来保护和增强家族社会情感财富，家族企业履行慈善捐赠等社会责任行为能为企业积累道德和声誉资本。第二，股权制衡度正向调节家族涉入与企业慈善捐赠的关系。股权制衡度高的家族企业，大股东自身对企业管理的监督能力和动机都会更强烈，这有利于发挥家族企业管理层的经营决策能力，使之更加科学。股东和家族企业目标趋同，股东会支持企业董事的战略决策，因为绝大多数家族企业所有权和经营权仍掌握在家族手中，企业主会有更强动机去进行慈善捐赠保护家族社会情感财富。第三，冗余资源正向调节家族涉入与企业慈善捐赠的关系。家族涉入程度越高的企业，为了让企业更具合法性，往往通过参加更多慈善捐赠等有社会影响力的活动，这些活动的开展需要企业有更多的潜在资源，才能顺利实现。冗余资源的重要作用就在于为家族企业能顺利开展这些活动提供了可能。第四，在股权制衡度和冗余资源两个维度上，由实证结果显示：不同股权制衡度和冗余资源的家族企业家族涉入对慈善捐赠的影响不同。

基于制度理论视角，将制度环境作为调节变量引入“家族涉入—企业慈善捐赠”的过程中，经过理论推导提出相应的研究假设，并采用国泰安数据库收集上市家族企业数据对假设进行实证验证。经过分析，可以得出：第一，规制制度正向调节家族涉入与企业价值关系的研究假设部分得到验证。即规制制度正向调节家族所有权比例与企业慈善捐赠的关系，正向调节家族成员进入董事会比例与企业慈善捐赠的关系。具体来说，相比处于健全的规制制度环境中的企业，当企业所处地区的规制环境水平较低时，家族所有权比例、家族成员进入董事会比例与企业慈善捐赠的正相关关系减弱。第二，规范制度正向调节家族涉入与企业价值关系的研究假设部分得到验证。即规范制度正向调节家族成员进入董事会比例与企业慈善捐赠的关系。具体来说，相比处于完善的规范制度环境中的企业，企业所处地区的规范环境水平较低时，家族成员进入董事会比例与企业慈善捐赠的正相关关系减弱。第三，认知制度正向调节家族涉入与企业价值关系的研究假设部分得到验证。即认知制度正向调节家族所有权比例与企业慈善捐赠的关系，正向调节家族成员进入董事会比例与企业慈善捐赠的关系。具体来说，对于认知制度环境来说，公众对企业慈善捐赠评价正向调节家族所有权比例与企业慈善捐赠的关系，正向调节家族成员进入董事会比例与企业慈善捐赠的关系。

以往的家族企业慈善捐赠的研究文献主要是从利益相关者理论角度阐述，本书结合 Scott（1987）的组织制度理论来分析制度环境对家族涉入与企业慈善捐赠的关系的调节作用，研究结论对企业社会责任和家族企业领域文献有所贡献。结论发现，规制制度正向调节家族涉入与企业价值关系的研究假设部分得到验证。即规制制度正向调节家族所有权比例与企业慈善捐赠的关系，正向调节家族成员进入董事会比例与企业慈善捐赠的关系。规范制度正向调节家族涉入与企业价值关系的研究假设部分得到验证。即规范制度正向调节家族成员进入董事会比例与企业慈善捐赠的关系。认知制度正向调节家族涉入与企业价值关系的研究假设部分得到验证。即认知制度正向调节家族所有权比例与企业慈善捐赠的关系，正向调节家族控制持续时间与企业慈善捐赠的关系。研究结论表明，家族涉入与企业慈善捐赠关系不仅受家族企业内部环境影响，也受家族企业外部环境制度环境的影响。家族企业为了保护家族的社会情感财富，会更多选择慈善捐赠行为，有些家族企业设立家族慈善基金会，家族慈善基金会提供了一个展示家族企业价值观和社会责任感的平台，能更好地提升家族企业的声誉和价值观，因此，越来越受到社会各界的关注。但家族慈善需要有完善的制度环境土壤，让其拥有合法的法律身份，更需要政府的法律、法规不断完善，才能使家族企业慈善捐赠行为常态化、规范化发展。

二、启示

以往家族企业慈善捐赠的研究文献主要聚焦于代理理论和利益相关者理论，本书结合社会情感财富理论和家族文化，研究了股权制衡度、冗余资源对家族涉入与企业慈善捐赠的关系的调节作用，研究结论对家族企业社会责任领域文献有所贡献。本章发现，股权制衡度正向调节家族涉入与企业慈善捐赠的关系，冗余资源正向调节家族涉入与企业慈善捐赠的关系，以股权制衡度和冗余资源两个维度界定不同类型家族企业，家族涉入与慈善捐赠的关系有所不同。研究结果的一个重要启示是，家族涉入与慈善捐赠的关系不单是正向关系或负向关系，由于家族性的“特殊性家族性”和“束缚性家族性”对家族企业的决策发挥的作用不同。对于股权制衡度和冗余资源不同的家族企业，家族涉入与企业慈善捐赠的关系有差别，家族进行慈善捐赠是有其家族动机的。家族企业为保护社会情感财富，为家族传承发展而进行慈善捐赠，将慈善和家族企业结合，为家族企业设立一套家族慈善运行机制，这样，家族成员收获的不仅是家族企业的财富，同时，还有家族文化、价值观的传承和延续，通过家族慈善建立一个有效的家族传承机制。

第八章　家族企业慈善捐赠的效果评价

具体来说，在过去的二三十年中，企业社会责任与企业价值的关系一直是企业界迫切想要知道答案的问题。虽然研究者为此付出了巨大的心力，但仍未就两者之间的关系取得一致性结论，两者关系从正相关（Waddock 等，1997）到负相关（Mueller，1991），再到非线性相关（Wang 等，2008），甚至不相关（Aupperle 等，1985），各种关系都得到了一定程度的实证分析的支持。通过前文分析，我们证实了家族企业进行慈善捐赠有其家族动机，同时还受到制度环境的影响，家族企业慈善捐赠有什么样的社会反应呢？家族企业为保护家族成员的社会情感财富而进行更多的慈善捐赠，这主要由于家族性优势；因为制度环境的影响，家族企业为得到合法性也会进行更多的慈善捐赠。通过以上分析可知，家族企业慈善捐赠与企业价值之间的关系一定有深层次的影响因素。为了进一步揭示两者之间关系的“黑箱”，我们通过引入中介变量（企业融资、政府补助）来明晰家族企业慈善捐赠和企业价值的关系。首先通过理论分析得出家族企业慈善捐赠对企业价值的影响以及企业融资、政府补助的中介效应；其次采用国泰安数据库获得上市家族企业的数据，根据温忠麟等（2004；2005）提出的中介过程检验程序对所提出的研究假设进行检验；最后根据实证分析得出研究结论。

第一节　家族企业慈善捐赠对企业绩效的影响研究

一、家族企业慈善捐赠与企业绩效的关系

家族企业的生存和发展需要资金、人力资源、固定资产等生产资料，这些需

要其他主体供给。从资源依赖理论出发，家族企业和企业内外部利益相关者是互相依赖的，企业要建立良好的企业形象和声誉，以获得企业的外部利益相关者（消费者、政府和社区）对其的好感。良好的外部形象和企业声誉有利于得到利益相关者的支持（Smith，1994），进而获得家族企业生存和发展所需要的资源。慈善捐赠行为是企业的一项长期工程，能够给企业带来道德资本，建立起企业的良好形象和声誉，就能得到利益相关者的支持，如同保险一样，可以为企业可能受到的伤害给予补偿（Godfrey，2005）。家族企业由于家族性利他主义等问题，经常被社会公众所误解，家族成员认为可以通过慈善捐赠行为积累道德资本，以备不时之需。Mescon 等（1987）强调企业进入新市场时，公众通过企业的各种行为方式了解企业，企业履行慈善捐赠的社会责任行为能传递企业具有社会责任感的信息，以获得消费者的认可。文献证实了企业慈善捐赠行为能够提升企业绩效。钟宏武（2007）总结相关文献后认为，企业履行慈善捐赠行为能避免经营过程中的潜在风险和伤害。杜兴强等（2010）则通过实证结果得出结论，企业参加慈善捐赠可以提升企业价值和绩效。王端旭等（2011）从利益相关者角度分析企业慈善捐赠与企业价值的关系，他认为，当企业履行慈善捐赠行为与利益相关者的价值取向一致时，企业价值会增加。

以上学者论证了企业慈善捐赠行为能够直接或者间接地为企业增加价值。根据 Porter 的战略性慈善捐赠动机理论，慈善捐赠能够提供有利的商业环境，为企业增强竞争优势，从而提升企业价值（Porter，2002）。这种提升企业价值的作用是需要长期持续的捐赠来维持的，面板数据实证结果显示，滞后两期的慈善捐赠金额对当期企业绩效的提升作用比滞后一期的和当期的提升作用差。企业慈善捐赠对于企业价值的提高往往是通过提高企业社会知名度来实现的，家族企业为保护社会情感财富，积累家族财富，很注重企业知名度。家族企业主与家族成员一起经常参加各种慈善捐赠活动，一方面是宣传企业，树立企业形象；另一方面是希望与家族成员一起共同承担责任，传承企业文化。企业在日常运作过程中，不可避免地会造成利益相关者之间的冲突，企业慈善捐赠能有效缓解冲突，平衡企业内外部利益相关者之间的关系。同时，披露企业社会责任信息能起到广告宣传作用。虽然企业进行慈善捐赠会占用企业的现有资金和资源，但是公众对企业慈善捐赠的正面评价，可以提高企业销售收入，从而使企业获得收益。企业选择慈善捐赠是由于慈善捐赠比广告更具有营销效应。企业慈善捐赠的主要目的是传承企业文化和承担社会责任，以提升企业形象，获得市场回报（杨团等，2013）。家族企业更注重家族文化的传承，会以这种自保战略来积累道德资本，实现企业的可持续发展。田利华和陈晓东（2007）认为，从利益相关者的角度分析，企业的战略性慈善捐赠既有利于企业追求经济利益最大化，又能满足履行社会责任的需求。

事实上，企业通过积极响应行为（慈善捐赠）对利益相关者的需求做出了回应，与利益相关者维持好合作关系，必然会受到利益相关者的支持和帮助，这就能形成企业特有的竞争优势，企业就会有良好表现。利益相关者会支持企业的慈善捐赠行为，良好的利益相关者关系增强了其对企业的信任。企业的慈善捐赠易吸引消费者、供应商和其他利益相关者，增加了企业获取竞争性稀缺资源的机会，而且也有利于降低企业的交易成本。良好的利益相关者关系还可以给企业带来无形资产，缓解企业遭受各种负面行为对企业的不利影响。良好的利益相关者关系能在长期内增强企业的竞争优势，进而提升企业价值。总之，企业慈善捐赠能增强企业利益相关者对企业的好感，增加企业的可利用资源，也可改善企业的经营环境，提升企业核心竞争能力，对企业价值产生直接或间接的增值作用（Porter，2002）。

基于上述分析，提出以下假设：

假设 8－1：家族企业慈善捐赠与企业价值有显著正相关关系。

二、家族企业慈善捐赠与企业融资、政府补助的关系

Cheng（2014）通过实证研究认为，积极履行社会责任的企业有助于缓解企业融资压力。家族企业慈善捐赠等履行社会责任行为能够帮助其成功地建立政治关系，在信贷自由分配中，家族企业由于和政府的关系能够获得信贷资源，进而获得一定的竞争优势。在中国，企业长期债务资金来源较为单一，主要还是银行借款。政府掌握着银行信贷配置等稀缺资源，家族企业进行慈善捐赠能有效地与政府建立政治关系，并获得政府的好感，最终获得信贷资源。根据社会交换理论，家族企业与政府等利益相关者进行交换，进而提高获得债务融资的能力。Godfrey（2005）认为，企业慈善捐赠行为可以给企业带来无形资产（如良好的

企业形象和声誉），最终提升企业价值，良好的企业形象有利于企业获得外部债务融资。企业在经营过程中，难免会和某些社会组织发生利益冲突，这些组织可能对企业采取报复行为，会给企业造成一定损失，而过去的慈善捐赠等社会责任行为所积攒的道德资本，如同保险一样，可以为企业受到的损失和伤害提供保护和补偿，即缓解或消除社会组织对企业的报复行为所产生的后果，起到维护企业价值的作用（Godfrey，2005）。家族企业与政府等进行交换，企业慈善捐赠有助于建立和维护与政府的政治关系。企业的慈善捐赠是一种政治战略，通过慈善捐赠，企业可以获得稀缺资源，并与政府建立良好的沟通关系，从而更好地获得信贷资源。家族企业通过参与慈善捐赠等行为能够为其积累社会资本，进而提升家族企业形象和声誉，通过捐赠行为的"信号显示功能"能够降低企业信息不对称所产生的道德风险（Porter 等，2002），缓解了家族企业的融资约束程度。企业慈善捐赠行为是一种向公众表明企业价值观和实力的信号，也是向市场发出企业有良好的发展前景的信号，尤其是在信息不对称的背景下，该信号的作用更明显，作为企业利益相关者的消费者、政府等对企业的慈善捐赠会有正面评价，政府会对这类企业在分配信贷资源上有所倾斜，进而缓解企业融资压力。

在转型经济体中，由于法律、法规不健全，企业尤其是家族企业很难依赖法律体系来保护其产权（Johnson 等，2003），因此，企业要获得银行贷款难度增加。在转型经济国家，由于政府掌握着公司所需要的稀缺资源配置权，而企业慈善捐赠能够给企业的利益相关者带来好处，进而博得利益相关者的好感，所以，政府会将稀缺信贷资源配置给进行更多慈善捐赠的企业，这样，进行慈善捐赠的企业能获得一定的融资便利。企业通过慈善捐赠行为与地方政府建立良好的沟通关系，而这能够给企业带来融资便利（Fisman，2001）。Shleifer 和 Vishny（1994）认为，在市场经济体制不健全的情况下，私营企业很难获得银行借款，私营企业通过慈善捐赠和政府建立政治关系来解决融资难的现象更明显。学者以中国上市公司数据为样本进行研究发现，民营企业慈善捐赠能够更好地保护企业的财产所有权，并与政府建立良好的战略联盟关系，这种战略联盟关系促进了民营企业的债务融资。因此，家族企业慈善捐赠对企业的债务融资有积极影响。

目前，中国正处于经济转型时期，政府仍参与企业经营管理，对关键性资源有配置权，由于各项法律法规不完善，对私有产权保护力度不足，促使民营企业为了生存和发展，通过慈善捐赠的方式与地方政府建立关系，地方政府会给予当地企业补助。家族企业处于弱势地位，通过慈善捐赠能快速地与政府等外部环境建立良好关系，获得合法性和关键性资源（如政府补助）。家族企业通过慈善捐赠与地方政府建立政治关系，地方政府对企业的态度会变得更为积极，就会为本地企业提供财政补贴，以扶持企业发展。罗党论等（2007）研究发现，企业主动承担越多的社会目标，企业所获得的政府补助也越多。因此，如果家族企业积极主动参与企业慈善捐赠等社会责任行为，就会得到更多的政府补贴。

基于上述分析，提出以下假设：

假设8－2：家族企业慈善捐赠与债务融资呈正相关关系。

假设8－3：家族企业慈善捐赠与政府补贴呈正相关关系。

三、企业融资和政府补助的中介效应

（一）企业融资、政府补助与企业价值的关系

中国信贷市场不发达，造成民营企业融资难问题长期存在，而一定的债务融资对于民营企业来说，能加强企业治理，提高企业绩效。慈善捐赠的特殊地位，受家族性影响，向外界传递出企业内部丰富的信息，家族企业是具有社会责任感的。根据 Jensen 和 Mecking（1976）的委托—代理理论，一定的公司债务能够缓解与股东、管理者的冲突，降低股权的代理成本，有利于提升企业绩效。信号理论认为，高负债比率通常是企业绩效水平较高的信号。家族企业较难获得银行的长期借款，一旦得到表明该企业有实力或声誉较好，家族企业会慎重进行投资，尽量避免高风险的投资，并加强公司的治理，这些对提升企业价值有积极影响。慈善捐赠具有“信号显示功能”，在中国金融市场的发育过程中，资金需求者的信号显示问题非常明显，家族企业的慈善捐赠越踊跃，他们对社会公众的诉求越能得到满足，获得的融资机会就越多。家族企业的大部分资金都来自于家族，债务融资对于企业造成还款压力，可以发挥企业更好的激励作用。债务融资能有更强的治理作用。债务融资主要是银行借款，由于银行等债权人是专业机构，会对其债务的事前、事中、事后进行严格控制，因此，银行借款对企业的约束力更强。银行作为专业机构可以有效监督企业的经营行为，一旦债权人的权益受到损害，可以采取一定的方式实现对企业的监管，对企业有较强的约束力。家族企业

会合理安排借贷资源，将其投资在已经规划好的项目中，控制风险，以保障项目的顺利完成。因此，家族企业债务融资会促进企业价值的提升。

关于政府补贴与企业价值的关系国内外学者都有相关研究。Lee（1996）通过韩国制造业的研究发现，政府投资补贴对制造业部门的产出及资本增长有积极影响。Bergstrom（2000）以瑞典企业为样本进行实证分析，得出结论：政府补贴对企业未来发展有正向影响，但在短期内对生产率提高没有显著影响。国内学者也有相应研究，他们认为公司所获得的各项政府财政、投资等补贴对企业盈利有显著影响（冷建飞，2007）。随后，不少学者以上市公司为研究样本探讨了政府补贴与企业价值的关系。

基于上述分析，提出研究假设：

假设8-4：家族企业债务融资与企业价值呈正相关关系。

假设8-5：家族企业政府补贴与企业价值呈正相关关系。

（二）企业融资和政府补助的中介效应

在经济转轨时期，法律、法规不健全，使得政府干预经济过多，政府仍掌握着关键性资源的配置权，家族企业通过履行慈善捐赠等社会责任，与地方政府建立政治联系，慈善捐赠能够给企业利益相关者（如政府、消费者和供应商等）带来利益，进而博得政府的好感，企业的善举是企业与政府间的正向互惠行为，能使企业获得一定的融资资金。有一定融资资金的家族企业，会加强其治理，促进企业绩效的提升。学者认为企业通过慈善捐赠行为与当地政府建立良好的沟通机制，这些会给企业带来融资便利。对于家族企业来说，企业获得了稀缺借贷资金，企业有还款压力，可以更好地发挥激励作用。债务融资对企业有约束力，企业会谨慎投资，以提高资金的利用效率，提升企业价值。当前，中国资本市场发育不完善，功能还有待提升，企业的外部融资困难重重，企业利用慈善捐赠方式与政府建立良好关系是一项重要的经营战略举措。公司通过慈善捐赠行为向利益相关者传递财务状况良好的信号，减少了信息不对称，从而更有利于企业获得长期借款。

目前，中国正处于经济转型时期，政府干预经济过多，政府仍掌握着关键性资源的配置权，由于法律法规不完善，产权制度不健全，促使民营企业为了生存和发展，通过慈善捐赠的方式与地方政府建立关系，地方政府会给予当地企业补助。组织与政府等外部环境是相互交换的，组织的发展离不开企业与外部环境交换所获得的关键性资源。家族企业处于弱势地位，通过慈善捐赠能快速与政府等外部环境建立良好关系，获得合法性和关键性资源（如政府补助）。学者也证实了企业所获得的各项政府财政、投资等补贴对企业盈利有显著影响（冷建飞，2007）。

基于上述分析，本章提出以下假设：

假设8－6：家族企业慈善捐赠通过债务融资对企业价值产生间接影响。

假设8－7：家族企业慈善捐赠通过政府补助对企业价值产生间接影响。

第二节 家族企业慈善效果评价实证研究

一、家族企业慈善效果变量测量

（一）因变量

国内外学者用来衡量企业价值或绩效的指标种类繁多，总结一下主要分为三类：第一类是企业的财务指标，包括资产收益率（ROA）、净资产收益率（ROE）、经营现金流资产收益率等；第二类是市场指标，以托宾Q值（Tobin's Q值）、股票年收益率为代表；第三类是全要素生产率指标（Total Factor Productivity）。这三类指标如何运用是根据研究者的研究目标来确定的，总体来说这三类指标各有利弊。资产收益率（ROA）、净资产收益率（ROE）、经营现金流资产收益率等财务指标综合性强，但易受会计方法和盈余管理的影响；运用Tobin's Q值等市场指标来衡量企业价值或绩效时，由于非流通股不具有市场价格，该部分市场价值确定得不准确；当运用全要素生产率指标衡量企业价值或绩效时，因为即使获得齐全的产出、资本、劳动力数据，仍有隐含的因素不可测量，使测量出来的全要素生产率指标可信度不高。根据本书研究目标，我们采用资产收益率（ROA）衡量企业价值或绩效指标，因为一方面资产收益率（ROA）很少受企业资本结构的影响；另一方面国内外诸多学者以上市公司为研究样本时均采用资产收益率（ROA）衡量公司价值或绩效。计算公式为：

ROA＝净利润/期初和期末平均总资产

另外，模型可能存在内生性问题，为了降低内生性，本书在回归过程中对被解释变量做了一阶滞后处理。

（二）自变量

慈善捐赠（LnDonation）是企业具体的慈善捐赠金额，将这一数值加1再进行对数处理来衡量该公司当年的捐赠规模。其中，家族企业慈善捐赠金额是根据上市公司年报财务报表附注中的“营业外支出”科目下的明细项目“公益捐赠”“公益性捐赠支出”“公益性支出”“慈善捐赠支出”“公益救济性捐赠支出”“救济性捐赠”“救急捐赠”“救济捐赠支出”“捐赠款”“捐款”“对外捐赠支出”“捐款以及捐赠”汇总整理得到的。对慈善捐赠金额进行对数化处理主要有两个方面的考虑：一方面可以降低分析结果中产生的异方差；另一方面可以保证统计估计的有效性。

（三）中介变量

企业融资（Loan），是企业的年末总借款与年末总资产的比值，根据李维安（2015）的做法，企业融资公式为：

企业债务融资水平＝（年末短期借款＋一年内到期的非流动负债＋长期借款）/年末总资产

政府补助（Gov），本书所使用的政府补助数据来源为：2010～2019年数据来自于CSMAR“财务报表附注”中“营业外收支”的具体项目，从这些具体项目中手工筛选出“政府补助”及其相关明细项目。运用企业在慈善捐赠下一期所得的政府补助较上一期变化值与营业收入的比值来衡量具体政府补助（Gov）。

（四）控制变量

企业规模（Size），为上市家族企业的规模变量，用家族企业的总资产取自然对数得到。一般来说，总资产规模大的家族企业会更拥有优势，会占据更多的市场份额，进而有能力进行更多的慈善捐赠。因此，本书预期家族企业规模与企业慈善捐赠是正相关关系。

资产负债率（Lev），根据Waddock和Graves（1997）、苏启林（2004）的研究发现，企业资产负债率越高，则企业的绩效越低。本书认为，企业的债务融资情况不同，在金融市场上遇到的风险也就不同，进而会影响企业的价值和慈善捐赠战略。该指标用家族企业长期负债与总资产的比值来衡量。

广告强度（Ad）会影响企业的慈善捐赠行为，参照王倩（2014）的做法，用企业的销售费用除以销售额来衡量该指标。

冗余资源（Slack），冗余资源主要分为两类：一类是未被吸收的（Unabsorbed）冗余。未被吸收的冗余比较灵活，比如现金、信用额度等类似现金等价物的资产。另一类是已被吸收的（Absorbed）冗余。已被吸收的冗余存在于企业的内部管理中，有很多不同的测量方法：孙德升用销售成本费用比率来测量，有的学者用销售费用、财务费用和管理费用等来测量，有的学者用若干代理变量来测量冗余资源，引起了理论界的争议。在舆论压力背景下，我们采用资源冗余度来代表家族企业冗余资源的丰富程度（王倩，2014），即采用流动资产与流动负债的比值来衡量冗余资源。

企业成长性（Growth），企业未来的绩效通常需要根据企业的成长性来进行预测。一般来说，成长能力好的企业，未来企业的价值就比较大。根据本书的研究目的，我们采用学者常用的主营业务收入增长率来衡量企业的成长性。

企业风险（Risk），企业价值的高低与企业风险紧密相关，风险越低，企业的价值越高。企业的风险包括四个方面：经营风险、管理风险、法律风险和财务风险。采用企业综合杠杆来衡量企业风险，公式为：

综合杠杆（Risk）=（营业收入－营业成本）÷利润总额

上一期企业财务绩效（Lagged Financial Performance，LFP），控制上一期企业财务绩效，目的是减少时间序列数据的自相关产生的影响。

另外，本章还控制了家族企业所在行业（Industry）和年份（Year）因素的影响。根据中国证监会2012年10月颁布的上市公司行业分类指引，将上市家族企业按照界定的行业类型分为14类，划分为13个虚拟变量。与此同时，我们针对不同年份家族企业慈善捐赠情况的差异性，将2010～2019年划分为10个虚拟变量，如表8－1所示。

二、家族企业慈善效果估计方法

（一）分析方法

温忠麟（2004，2005，2014）的文献中验证中介效应时认为，对于解释变量

X 对被解释变量 Y 的影响，如果解释变量 X 通过影响变量 M 来影响被解释变量 Y，则变量 M 是中介变量。它们之间的关系可以用如下回归方程表示：

$$Y = cX + e_1 \tag{8-1}$$

$$M = aX + e_2 \tag{8-2}$$

$$Y = c'X + bX + e_3 \tag{8-3}$$

表 8-1 变量定义

	名称	变量	变量符号	定义
因变量	企业绩效	资产收益率	Roa	净利润 ÷ 期初和期末平均总资产
自变量	慈善捐赠	慈善捐赠额度	LnDonation	Ln（1 + 捐赠金额）
中介变量	企业融资	企业债务融资水平	Loan	（年末短期借款 + 一年内到期的非流动负债 + 长期借款）÷ 年末总资产
	政府补助	政府补助	Gov	下一期的政府补助较上一期变化值 ÷ 营业收入
控制变量	企业规模	企业规模	Size	Ln（总资产）
	资产负债率	资产负债率	Lev	企业长期负债与总资产的比值
	广告强度	广告强度	Ad	销售费用 ÷ 销售额
	冗余资源	冗余资源度	Slack	流动资产 ÷ 流动负债
	企业成长性	企业成长性	Growth	主营业务收入增长率
	企业风险	综合杠杆	Risk	（营业收入 - 营业成本）÷ 利润总额
	上一期企业财务绩效	上一期企业财务绩效	Lfp	上一期企业财务绩效
	行业	行业哑变量	Industry	行业虚拟变量
	年份	年份哑变量	Year	年份虚拟变量

假设方程（8-1）中因变量 Y 与自变量 X 显著相关，则方程中回归系数 c 就显著，回归系数 c 是 X 对 Y 的总效应；假设方程（8-2）中中介变量 M 与自变量 X 显著相关，则方程中回归系数 a 就显著，回归系数 a 是 X 对 M 的效应；假设方程（8-3）中因变量 Y 与自变量 X 显著相关，因变量 Y 与中介变量 M 显著相关，则方程中回归系数 c′和 b 就显著，回归系数 c′是控制了中介变量 M 之后 X 对 Y 的直接效应，回归系数 b 是控制了自变量 X 之后 M 对 Y 的效应。

检验中介效应的步骤为：第一步，检验方程（8－1）中 X 对 Y 的总效应系数 c，如果 c 显著，继续第二步，如果不显著就按照遮掩效应进行分析。第一步检验总效应系数 c 无论是否显著，都可以进行后续检验。第二步，依次检验方程（8－2）中自变量 X 对中介变量 M 的效应（系数 a）和方程（8－3）在控制了自变量 X 之后中介变量 M 对因变量 Y 的效应（系数 b），如果系数 a、b 都显著，说明中介效应存在，继续下一步，如果系数 a、b 中至少有一个系数不显著，就需要转到第四步。第三步，检验方程（8－3）中控制了中介变量 M 之后，X 对 Y 的直接效应系数 c′，如果系数 c′不显著，说明自变量（X）完全通过中介变量 M 对因变量 Y 产生影响；如果系数 c′显著，说明自变量（X）只有一部分通过中介变量 M 对因变量 Y 产生影响。第四步，做 Sobel 检验，检验统计量为：$z=\hat{a}\hat{b}/\sqrt{\hat{a}^2 s_b^2+\hat{b}^2 s_a^2}$，其中，$s_a$、$s_b$ 分别是 $\hat{a}$、$\hat{b}$ 的标准误。如果显著，存在中介效应，否则，不存在中介效应。上述中介效应检验过程如图 8－1 所示。

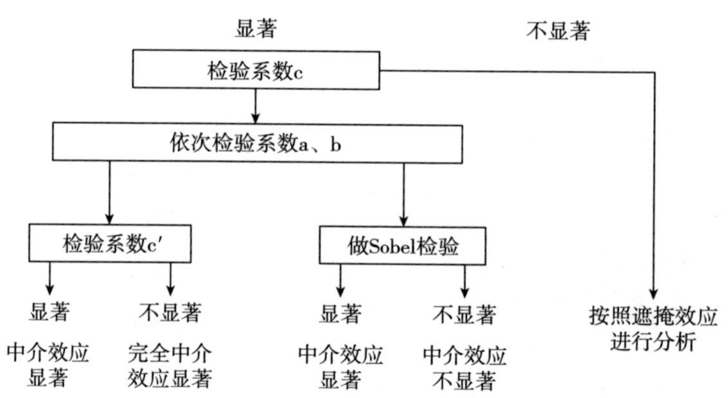

图 8－1　中介效应检验程序

基本回归模型如下：

$$ROA_{it}=\beta+\gamma_1 Size_{it}+\gamma_2 Lev_{it}+\gamma_3 Ad_{it}+\gamma_4 Slack_{it}+\gamma_5 Growth_{it}+\gamma_6 Risk_{it}+\gamma_7 Lfp_{it}+\gamma_8 LnDonation_{it}+YearDummy+IndustryDummy+\mu \quad (8-4)$$

$$Loan_{it}=\beta+\gamma_1 Size_{it}+\gamma_2 Lev_{it}+\gamma_3 Ad_{it}+\gamma_4 Slack_{it}+\gamma_5 Growth_{it}+\gamma_6 Risk_{it}+\gamma_7 Lfp_{it}+\gamma_8 LnDonation_{it}+YearDummy+IndustryDummy+\mu \quad (8-5)$$

$$ROA_{it} = \beta + \gamma_1 Size_{it} + \gamma_2 Lev_{it} + \gamma_3 Ad_{it} + \gamma_4 Slack_{it} + \gamma_5 Growth_{it} + \gamma_6 Risk_{it} + \gamma_7 Lfp_{it} + \gamma_8 LnDonation_{it} + \gamma_9 Loan_{it} + YearDummy + IndustryDummy + \mu \quad (8-6)$$

$$Gov_{it} = \beta + \gamma_1 Size_{it} + \gamma_2 Lev_{it} + \gamma_3 Ad_{it} + \gamma_4 Slack_{it} + \gamma_5 Growth_{it} + \gamma_6 Risk_{it} + \gamma_7 Lfp_{it} + \gamma_8 LnDonation_{it} + YearDummy + IndustryDummy + \mu \quad (8-7)$$

$$ROA_{it} = \beta + \gamma_1 Size_{it} + \gamma_2 Lev_{it} + \gamma_3 Ad_{it} + \gamma_4 Slack_{it} + \gamma_5 Growth_{it} + \gamma_6 Risk_{it} + \gamma_7 Lfp_{it} + \gamma_8 LnDonation_{it} + \gamma_{10} Gov_{it} + YearDummy + IndustryDummy + \mu \quad (8-8)$$

其中，ROA 为家族企业的价值或绩效，Size 表示企业规模，Lev 表示企业的资产负债率，Ad 为企业的广告强度，Slack 为企业的冗余资源，Growth 代表企业的成长性，Risk 为企业的风险，Lfp 为企业上一期财务绩效，LnDonation 为企业的慈善捐赠额度，Loan 表示企业的债务融资，Gov 表示企业的政府补助。

（二）内生性问题的处理

内生性问题是计量经济研究中必然要面对的重要问题。内生性是指模型中的自变量与误差项之间有关系，不满足线性回归的假设，使得到的估计结果不可靠。产生内生性的原因较多，总结来说主要有测量误差、联立性偏误、遗漏变量等。

本章汇总已有的关于企业财务绩效影响因素的文献，尽可能控制了与其相关的变量，以保证不会因遗漏变量问题而产生误差。因此，在样本量足够大的情况下，为确保结论的稳健性，控制变量宁可多一个也不能少一个。我们正是基于以上考虑，来选取本章的控制变量，不会因为遗漏变量而产生内生性。

模型中解释变量和被解释变量互为因果也会导致内生性问题，本章主要探讨该类内生性问题，即家族企业慈善捐赠与企业财务绩效在一定程度上互为因果，家族企业慈善捐赠与企业融资在一定程度上互为因果，家族企业慈善捐赠与政府补助在一定程度上互为因果，家族企业的企业融资与企业财务绩效在一定程度上互为因果，家族企业政府补助与企业财务绩效在一定程度上互为因果。针对这类内生性问题，本章使被解释变量滞后一期，以解决可能存在的内生性问题。

三、实证分析与结果

（一）描述性统计

解释变量与被解释变量的平均值（Mean）、标准差（Sd）、中位数（Median)、最大值（Max）和最小值（Min）如表 8－2 所示。由表 8－2 可知，上市家族企业资产收益率 ROA 标准差大于平均值，说明不同企业的 ROA 存在很大差异。样本企业平均73.9%都参加过慈善捐赠，表明家族企业积极履行慈善捐赠社会责任行为。样本企业总借款占总资产比例的平均值为19.0%，说明债务融资对家族企业发展非常重要，标准差为0.304，说明不同企业的借款规模存在一定程度的差别。

表 8－2　变量描述性统计

变量	平均值	标准差	最小值	中位数	最大值
企业绩效	0.046	0.222	－8.753	0.046	3.116
捐赠额度	9.436	5.850	0.000	12.060	18.220
企业规模	21.41	1.053	16.51	21.290	25.130
资产负债率	0.453	0.475	0.025	0.434	12.240
广告强度	0.085	0.432	0.000	0.043	19.000
冗余资源	2.527	2.797	0.011	1.658	36.570
企业成长性	5.389	86.67	－12.19	0.118	2355.000
综合杠杆	2.170	4.832	－80.23	1.407	76.720
债务融资	0.190	0.304	0.000	0.000	2.214
政府补助	0.012	0.034	0.000	0.004	0.926
上一期财务绩效	0.049	0.107	－0.677	0.044	3.116

（二）相关性分析

回归模型中的主要变量 Pearson 的相关系数分析结果如表 8－3 所示。从变量间的相关系数来看，家族企业绩效与慈善捐赠金额、企业融资、政府补助、企业规模、资产负债率、冗余资源和上一期财务绩效等变量均呈现显著相关性。主要控制变量对企业价值都有影响，就分析家族慈善捐赠与企业价值的关系而言，本书所选择的控制变量是合适的。虽然主要解释变量之间存在相关性，但相关系数绝对值均小于0.4，而且模型的方差膨胀因子小于10，模型中的解释变量不存在多重共线性。

表 8-3　相关性分析结果

	1. Roa	2. LnDonation	3. Size	4. Lev	5. Ad	6. Slack	7. Growth	8. Risk	9. Loan	10. Gov	11. Lfp
1. Roa	1										
2. LnDonation	0.0689***	1									
3. Size	0.0445***	0.3796***	1								
4. Lev	-0.2898***	-0.048**	0.0155	1							
5. Ad	-0.0005	-0.0316	-0.0288	-0.0099	1						
6. Slack	0.0626***	-0.0174	-0.1959***	-0.2915**	0.0297	1					
7. Growth	-0.0013	-0.0347	-0.0287	0.0016	-0.0337	0.0016	1				
8. Risk	-0.0247	-0.0157	0.0245	0.0198	-0.0093	-0.0926***	-0.096	1			
9. Loan	0.0138*	0.1251***	0.3103***	0.0946***	-0.0513***	-0.0363	0.0417*	0.0435*	1		
10. Gov	0.0096*	0.0062	-0.0175	-0.0696**	0.0240	0.1959**	-0.0188	0.0036	0.0684***	1	
11. Lfp	0.1485***	0.0048	-0.1029***	0.3130***	0.0030	0.0520**	-0.0012	-0.1091***	-0.0615**	-0.0109	1

注：*表示 $p<0.1$，**表示 $p<0.05$，***表示 $p<0.01$；括号中为标准误。

（三）回归结果

1. 企业融资对家族企业慈善捐赠与企业绩效关系的中介作用

为了检验研究假设，我们以企业绩效 ROA 为因变量，先加入控制变量和自变量，从表8－4中模型（8－4）的回归结果可知，家族企业慈善捐赠对企业绩效的总效应为0.001，并在0.1水平上显著，支持了假设8－1，根据温忠麟等（2004，2005）的中介效应检验程序，意味着可以继续进入第二步检验。从表8－4中模型（8－5）可知，家族企业慈善捐赠对企业融资的回归系数为0.004，并在0.01水平上显著，支持了假设8－2。从表8－4中模型（8－6）可以看出，中介变量债务融资对企业绩效的回归系数为0.028，并在0.01水平上显著，慈善捐赠额度对企业绩效的回归系数为0.001，在0.1水平上显著，支持了假设8－4和假设8－6。因此，由温忠麟等（2004，2005）的中介效应检验程序可知，企业融资水平对慈善捐赠与企业绩效的关系是部分中介效应。

表8－4　中介效应回归分析结果

	模型（8－4）因变量企业绩效	模型（8－5）中介变量债务融资	模型（8－6）因变量企业绩效	模型（8－7）中介变量政府补助	模型（8－8）因变量企业绩效
企业规模	－0.011*** (0.003)	0.112*** (0.009)	－0.008*** (0.003)	0.003*** (0.001)	－0.011*** (0.003)
资产负债率	0.118*** (0.007)	0.035** (0.014)	0.120*** (0.007)	－0.001 (0.002)	0.118*** (0.007)
广告强度	0.035 (0.028)	－0.488*** (0.106)	0.022 (0.028)	0.075*** (0.012)	0.036 (0.028)
冗余资源	0.007*** (0.001)	0.014*** (0.003)	0.007*** (0.001)	0.002*** (0.000)	0.007*** (0.001)
企业成长性	－1.58e－05 (2.86e－05)	0.000** (5.99e－05)	－1.55e－05 (2.86e－05)	－2.22e－06 (9.06e－06)	－1.59e－05 (2.86e－05)
综合杠杆	－0.003*** (0.001)	－0.000 (0.001)	－0.002*** (0.001)	0.000* (0.000)	－0.003*** (0.001)
上一期财务绩效	－0.136*** (0.026)	－0.059 (0.055)	－0.140*** (0.026)	－0.001 (0.008)	－0.136*** (0.026)

续表

	模型（8-4）因变量企业绩效	模型（8-5）中介变量债务融资	模型（8-6）因变量企业绩效	模型（8-7）中介变量政府补助	模型（8-8）因变量企业绩效
捐赠额度	0.001* (0.001)	0.004*** (0.001)	0.001* (0.001)	7.50e-05 (0.000)	0.001* (0.001)
债务融资	—	—	0.028*** (0.009)	—	—
政府补助	—	—	—	—	-0.058 (0.069)
常数项	0.211*** (0.059)	-2.254*** (0.187)	0.160*** (0.062)	-0.0683*** (0.024)	0.210*** (0.060)
行业	控制	控制	控制	控制	控制
年份	控制	控制	控制	控制	控制
F	338.83***	258.35***	349.70***	114.23***	339.48***
观测值	1524	1647	1523	1647	1524
R-squared	0.183	0.137	0.188	0.056	0.183

注：*表示 $p<0.1$，**表示 $p<0.05$，***表示 $p<0.01$；括号中为标准误。

2. 政府补助对家族企业慈善捐赠与企业绩效关系的中介作用

为了检验政府补助的中介效应，从表8-4中模型（8-4）的回归结果可知，家族企业慈善捐赠对企业绩效的总效应为0.001，并在0.1水平上显著，根据温忠麟等（2004，2005）的中介效应检验程序，意味着可以继续进入第二步检验。从表8-4中模型（8-7）可以得知，家族企业慈善捐赠对政府补助的回归系数为正，但不显著，假设8-3没有得到支持。从模型（8-8）可以看出，中介变量Gov对企业绩效的回归系数为-0.058，并不显著，因此，需要进行第四步Sobel检验，检验统计量是 $z=\hat{a}\hat{b}/\sqrt{\hat{a}^2s_b^2+\hat{b}^2s_a^2}$，此处 $\hat{a}$ 是模型（8-7）中家族企业慈善捐赠额度对政府补助的回归系数，$\hat{b}$ 为模型（8-8）中的政府补助对企业绩效的系数-0.058，s_a 是模型（8-7）中慈善捐赠额度系数的标准差0，s_b 是模型（8-8）中政府补助系数的标准差0.069，把相应值代入Z统计量公式计算出Z值为-0.342，p值大于0.1，因此，政府补助Gov对家族企业慈善捐赠额度LnDonation与企业绩效ROA关系的中介效应不显著，假设8-3、假设8-5和假设 8 -7 没有得到支持。

我们进一步计算出中介效应占总效应的比例，企业融资 Loan 对家族企业慈善捐赠额度与企业绩效关系所起的中介效应占家族企业慈善捐赠额度对企业绩效总效应的比重 Z = 11.07%。

第三节　总结家族企业慈善效果

一、家族企业慈善捐赠的社会反应的主要结论

综合以上实证分析，可以得出：第一，家族企业慈善捐赠与企业价值是显著正相关关系。从利益相关者理论出发，企业慈善捐赠是利益相关者的支持行为，良好的利益相关者关系增强了利益相关者对企业的信任。企业的慈善捐赠会吸引消费者、供应商和其他利益相关者，增加了企业获取竞争性稀缺资源的机会，而且也有利于降低企业的交易成本。良好的利益相关者关系还可以为企业带来无形资产，缓解企业遭受各种负面行为对企业的不利影响。总之，企业慈善捐赠能引起企业利益相关者的好感，增加企业的可利用资源，也可改善企业的经营环境，提升企业的核心竞争能力，对企业价值产生直接或间接的增值作用（Porter，2002）。第二，家族企业慈善捐赠与债务融资呈正相关关系。根据社会交换理论，家族企业与政府等利益相关者进行交换，进而提高获得债务融资的能力。家族企业通过慈善捐赠与消费者、投资者和债权人等利益相关者进行市场交换。Godfrey（2005）认为，企业慈善捐赠行为可以给企业带来无形资产（如良好企业形象和声誉），最终提升企业价值，良好的企业形象有利于企业获得外部债务融资。家族企业与政府等进行交换，慈善捐赠行为有助于建立和维护企业与政府的关系，企业慈善捐赠行为是一种向公众表明企业价值观和实力的信号，也是向市场发出企业有良好的发展前景的信号，尤其是在信息不对称的背景下，该信号的作用更明显，作为企业利益相关者的消费者、政府等对企业的慈善捐赠会有正面评价，政府会对这类企业在分配信贷资源上有所倾斜，进而缓解企业融资压力。第三，家族企业慈善捐赠通过债务融资对企业价值产生间接影响。在经济转轨时期，法

律、法规不健全，使得政府干预经济过多，政府仍掌握着关键性资源的配置权，家族企业通过履行慈善捐赠等社会责任，与地方政府建立政治联系，慈善捐赠能够给企业利益相关者（如政府、消费者和供应商等）带来利益，进而博得政府的好感，企业的善举是企业与政府间的正向互惠行为，能使企业获得一定的融资渠道。有一定融资资金的家族企业，会加强其治理，促进企业绩效的提升。

二、家族企业慈善效果启示

对于企业慈善捐赠的社会反应研究，研究者经过二三十年的努力，仍未就两者之间的关系取得一致性结论。通过前文分析，已证实了家族企业进行慈善捐赠有其家族动机，同时还受到制度环境的影响。家族企业为保护家族成员的社会情感财富而进行更多的慈善捐赠。在制度环境影响下，家族企业为得到合法性而进行更多的慈善捐赠，进而履行更多的企业社会责任。通过上述分析，家族企业慈善捐赠与企业价值的关系有深层次的影响因素。为了进一步揭示两者关系之间的“黑箱”，我们通过引入中介变量（企业融资、政府补助）来明晰家族企业慈善捐赠和企业价值的关系。通过实证分析可知，家族企业债务融资对家族企业慈善捐赠与企业价值的关系起部分中介作用，而政府补助对家族企业慈善捐赠与企业价值的关系不起中介作用。主要原因可能是所研究的样本企业中只有1.2%的家族企业有政府补助，表明家族企业得到政府补助并不普遍，因此，会造成政府补助对家族企业慈善捐赠与企业价值的关系不起中介作用。

第九章　家族企业跨代创业传承模式探讨

第一节　家族企业跨代创业传承研究背景

一、现实背景

自20世纪80年代以来，家族企业在全国各地蓬勃发展，经过这些年的不懈努力，家族企业已然在我国经济发展中占有举足轻重的地位，展望未来，家族企业将继续为我国经济发展做出巨大贡献。然而，激荡40年，家族企业现今正处于传承和转型升级的紧要关头，传好家族财富的接力棒迫在眉睫。如何帮助家族企业突破困境，使家族企业有效实现代际传承，是实践者和研究者一直以来十分关注的问题。方太集团主席茅理翔也曾断言：在未来5~10年，将有一部分家族企业在交接班中消亡。2018年9月，国务院部署“双创”升级版，使创新创业在国家层面被赋予了驱动新一轮发展的战略重任。近年来，跨代创业被认为是家族企业在传承中不断革新、获取竞争优势的重要手段（Habbershon等，2002），也是其保持创新活力、实现永续经营的关键（李新春等，2016）。当前，我国有40%以上的家族企业处于代际传承阶段，面临着跨代转型升级的挑战，在此背景下，一些家族企业的继承人不再被动接受一代企业主的传承，而是纷纷进行转型创业，诸如方太、李锦记等这些企业，以继承人为主力成功进行了跨代创业活动，实现家族长寿发展的目标。近年来，我国家族企业正处于代际传承的高峰期，如何实现家族企业的持续发展和创业精神的跨代传承成为家族企业学术界和

实业界关注的热点，成功代际传承家族企业的创业实践也为解决企业传承困惑提供了思路。

二、理论背景

在中国40年波澜壮阔的改革开放浪潮中，民营经济取得长足发展，涌现出大量优秀的家族企业，家族企业已成为推动中国经济发展的重要力量。随着第一代创业者已经步入暮年，家族企业全面进入代际传承的高峰时期（余向前等，2013）。来自世界各地的经验表明，家族企业传承之路往往荆棘密布（李新春等，2015），很多家族企业代际传承后导致企业绩效下滑（Villalonga 等，2006）。“富不过三代”如同魔咒忠实反映家族企业传承的高失败率与所面临的严峻挑战（Tatoglu 等，2008）。跨代创业是解决家族企业可持续发展的重要路径，在家族企业二代继承过程中，重要的传承要素是跨代创业精神，“持续创业”而非“守业”成为家族企业跨代成长的基本战略。涉及跨代创业的研究主要是基于家族涉入、资源观、创业导向等理论视角（Zellweger 等，2012），家族作为一种制度形式，讨论了创业家族的资源和能力如何影响创业过程和产出，另外，家族作为一种组织形式，与非家族企业的创业行为和绩效等存在一定的差异。为此，在国家“双创”背景和家族企业面临传承、跨代创业及企业转型升级的重要阶段，研究如何实现家族企业“传承”和“转型”的双赢，并构建创业与传承的互动体系，对家族企业代际传承的成功乃至基业长青至关重要。

三、研究意义

本章的探讨从两个角度来研究家族企业跨代创业，基于企业成长视角和代际传承视角，通过对两个层面的分析和思考，完善跨代创业理论并指导家族企业接班人培养思考，从而实现家族企业的跨代成长。结合资源基础理论、家族企业代际传承的相关理论，分析家族企业跨代创业的影响因素，丰富传承理论和创业理论，使这两个领域实现有机融合。在现阶段，大量家族企业正处于接班阶段，如何通过跨代创业，使继承人能够顺利传承并实现家族企业的跨代成长，是企业家们需要思考的问题。并不存在一种最佳创业模式能够适应所有家族企业，需要探讨不同家族企业的特征后，总结创业类型。这就要求企业家必须合理配置家族性资源，通过凸显家族性资源的优势来促进家族企业跨代创业的顺利。

第二节　家族企业跨代创业传承研究思路探讨

一、家族企业跨代创业传承基本思路

家族企业跨代创业是家族企业在传承过程中不断革新、获取竞争优势的方式之一，围绕家族企业面临转型升级的重要阶段如何实现有效代际传承，需要厘清家族企业代际传承和跨代创业之间的关系和有机融合。研究首先需要探寻家族企业家族性竞争优势的独特要素的主要内容；其次需要探讨构建跨代创业视角下的家族企业代际传承理论模型，在此基础上，探讨分析代际传承实现路径，并且进一步探究跨代创业与家族企业代际传承融合机制；最后在应用研究的基础上提出相关的政策建议。

二、家族企业跨代创业传承总体框架及具体内容

（一）家族企业跨代创业传承总体框架

家族企业跨代创业传承初步探讨跨代创业视角下家族企业具有家族性竞争优势的独特要素的主要内容；在此基础上，通过分析文献内容构建了跨代创业视角下家族企业代际传承的理论模型，为家族企业二代传承成功提供了依据；厘清了跨代创业与代际传承的逻辑和融合机制，通过一些家族企业的案例如方太集团、新希望集团、福耀玻璃等跨代创业模式总结，将传承计划、接班人创业团队、创业项目等因素纳入其中，初步探讨跨代创业与代际传承的融合机制。研究结合中国家族企业跨代创业和战略转型时期的发展要求，总结出家族企业具有竞争优势的独特要素的主要内容以及其代际传承的实现路径，为家族企业传承和转型提供实践经验；不仅将跨代创业和家族代际传承有机结合，而且深入探究跨代创业与家族企业代际传承形成机制，有助于为政府部门推动民营企业的健康发展提供政策建议。

（二）家族企业跨代创业传承具体内容

1. 跨代创业视角下，探寻家族企业具有竞争优势的独特要素

学者对家族企业代际传承的关键性要素内容已达成共识，而对于家族企业具有竞争优势的独特要素内容需要进一步探索和开发，通过对家族企业进行调查，基于社会资本理论、知识理论和资源观，总结出具有竞争优势的独特要素的主要内容，如表9－1所示。

表9－1　具有竞争优势独特要素维度及其构成内容

具有竞争优势独特要素维度	构成内容
企业家默会知识	诀窍知识：专业技能、管理经验、心得体会等
	心智模式：价值观、经营理念等
企业家社会资本	内部资本：员工关系、股东关系、企业家声誉等
	外部资本：政企关系、金融关系、客户关系、供应商关系等
企业家精神	创新精神、机会敏锐性、敬业精神、进取精神
家族良好沟通关系	理解、尊重、互相支持、包容

2. 构建家族企业代际传承实现路径探讨

通过典型案例进行探索性研究，首先，深入剖析家族企业代际传承的前置因素，总结出具有竞争优势的独特要素的主要内容；其次，进一步分析具有竞争优势的独特要素传承的实现路径，如方太集团通过早期传承计划，一代企业家言传身教，影响家族二代，让他们对家族产业有抱负，与此同时，要培养一些能力强、素质高的职业经理人和家族创业团队等形成接班人创业团队，家族两代人一起制定创业项目，一边共同创业，一边传承这些独特要素，以提升家族创业价值和满意度；最后，在上述研究的基础上，通过多案例实证研究，归纳出家族企业代际传承的实现路径。

3. 跨代创业与家族企业代际传承融合机制探讨

跨代创业导向的家族企业代际传承实现路径为有效传承指明了方向，但其关键路径的形成也会受到一些因素的影响，如接班人创业团队的构成、职业经理人组成、决策机制等，因此，进一步研究还需要通过探索性案例和多案例分析，探究跨代创业导向的家族企业代际传承形成机制，以保障实现路径的有效实施。

第三节　总结家族企业跨代创业传承影响因素

一、家族企业代际传承相关研究

家族企业代际传承是一个“传什么”“何时传”“怎么传”的多维主题（窦军生等，2008）。基于 Barney（1991）资源观的研究认为，家族企业中独特资源（被称为“家族性”）能够形成企业竞争优势（Habbershon 等，1999），传承意味着具有企业竞争优势的一系列核心要素的留存和转移。基于社会学、管理学的研究视角认为，家族企业代际传承是侧重于使命、价值观、内隐知识、社会网络关系以及企业家精神等的传承（郭超，2013；余向前等，2013；孙秀峰等，2017）。一些学者指出家族企业的代际传承是一个长期的社会化过程，并以继承人的“行为—学习经历”为线索，将家族企业的代际传承划分为多个不同阶段（Longenecker 和 Schoen，1978；窦军生等，2005）；有学者对代际传承实施过程中接班人培养机制进行探讨（宋继文等，2008），并对隐性知识等核心要素通过传承意愿、知识传递和跨代创业活动等方式传承进行分析（余向前等，2013；孙秀峰等，2017）；吴炯（2016）则以法定权力和家族性资本为研究对象，从剩余控制权的视角探索家族企业传承的规律。

二、跨代创业相关研究

跨代创业可以界定为：家族企业通过创业精神的延续，整合家族资源，鼓励后代创造新业务、财务和社会价值的过程（Naldi 等，2007；Zellweger 等，2012；陈凌，2019），是 21 世纪以来逐渐兴起的研究命题。家族企业往往起源于以家族为单位的创业活动，创业的目的在于实现企业发展式的传承（吴炳德等，2017）。早期学者关注具有创业精神的家族通过创业和战略革新能力实现“跨代际、持续地创造财富”（Habbershon，2002），进一步的研究中，提出跨代创业包括创业导向、家族性、跨代价值创造和情境要素（Zellweger 等，2012），为家族企业传承提供新的理论视角；吴炯等（2016）基于扎根理论归纳出跨代创业影响因素和类

型，拓展了家族企业跨代创业行为研究。方太集团家族两代人通过十多年共同创业，完成了家族企业传承（陈凌，2019）的探索与实践，以跨代创业作为传承路径逐步获得认可（王扬眉等，2018）。但从跨代创业视角下探讨家族企业具有竞争优势的独特要素如何实现有效转移及对家族企业传承产生影响机制的研究，仍有待于进一步完善。

三、跨代创业与家族企业代际传承相关研究

（一）创业导向与代际传承研究

1996 年有学者提出“创业导向”的概念，认为创业导向是家族对待创业的态度和价值观，它为获取企业竞争优势奠定资源基础（Wiklund 等，2005）。现有研究认为，创业导向对家族企业绩效能够产生积极影响（Wiklund，1999；Casillas，2010；Stenholm 等，2016；代吉林等，2015）。研究家族创业的李新春等（2015）基于二代继任者的合法性构建动机视角，实证了家族企业代际创业与传承的关系。

（二）家族创业团队与代际传承研究

研究表明，团队创业比个人创业更易使企业创业成功，由此，创业团队作为影响企业生存和发展的关键要素，受到学者的普遍关注。家族创业团队（Family Entrepreneurship Team，FET）是由家族成员通过婚姻和亲属关系连接，参与识别和寻求商业机会，持有公司股权并直接影响公司发展战略选择的家族群体（Discua 等，2013），他们是家族核心价值观的守护者。Discua 等（2013）提出基于社会资本角度的研究支持了 FET 的组成，并认为 FET 是家族企业成功代际传承的关键性因素。贺小刚等（2016）认为，家族企业创始人及其家族成员的共同治理是有效的，提出成功的家族企业在其成长过程中要逐渐培养 FET。方太集团也是通过 FET 的创业式传承模式，完成了企业家精神和事业的代际传承（陈凌，2019）。

（三）家族创业团队、创业导向和代际传承关系

梳理家族企业发展历程发现，具有 FET 的家族企业（如希望集团）在分家后反而获得更快的成长，是因为希望集团创始人很早就有明确的传承规划，为二代接班人组建了“保驾护航”的团队，FET 中长辈的言传身教对于后代商业意识

和创业精神的培育影响重大。纵观家族企业传承过程，大部分传承成功的家族企业都不是由单个传承人组成的，而是由嵌入“家族性”的创业家族团队组成的，并引导家族及家族成员参与到创业中，形成创业意识或导向，这样能更准确地反映出家族企业内部共同创业轨迹（Miller 等，2016）。传承失败的主要原因是创始人没有提前进行传承规划和建立接班人创业团队（陈凌，2019）。由此来讲，学者都关注到跨代创业活动对代际传承的影响，也尝试基于资源观视角，解释家族性资源传承和组合创业的动态关系（王扬眉等，2018），但仍缺少对两者之间逻辑关系的深入研究。

通过对家族企业传承与跨代创业的融合的初步探讨，厘清家族企业代际传承和跨代创业之间的关系和有机融合，通过查阅文献总结家族企业家族性竞争优势的独特要素的主要内容，通过现有家族企业跨代创业的案例，构建跨代创业视角下的家族企业代际传承理论模型和代际传承实现路径，并且进一步探究跨代创业与家族企业代际传承融合机制。这些初步思路和探讨，希望可以为相关的研究者研究跨代创业提供一些思路和框架，笔者后期也会持续关注家族企业跨代创业议题。

第十章　家族企业基业长青模式

——“隐形冠军”

第一节　中国家族企业代际传承与“隐形冠军”的关系

一、中国家族企业现状

在中国40年波澜壮阔的改革开放浪潮中，民营经济取得长足发展，涌现出大量优秀的家族企业，家族企业已成为推动中国经济发展的重要力量。随着第一代创业者已经步入暮年，家族企业全面进入代际传承的高峰时期（余向前等，2013）。来自世界各地的经验表明，家族企业传承之路往往荆棘密布，很多家族企业代际传承后导致企业绩效下滑。“富不过三代”如同魔咒忠实反映家族企业传承的高失败率与所面临的严峻挑战（李新春等，2015）。方太集团主席茅理翔也曾断言：在未来5~10年，将有一部分家族企业在交接班中消亡。因此，家族企业如何实现基业长青始终是学者关注的议题。著名经济学家李稻葵认为，德国的经济实力在经历了金融危机后仍始终保持强劲，主要得益于其拥有一大批基业长青的家族企业。家族企业具有很强的韧性，如何发挥家族企业家族性资源的优势，发展成为该行业的翘楚和“隐形冠军”企业，是现在中国家族企业研究学者关注的焦点，并且德国“隐形冠军”企业的发展对中国家族企业实现基业长青具有重要的启示意义。

二、“隐形冠军”企业发展

“隐形冠军”这个词由德国著名的管理学家赫尔曼·西蒙在1986年首次提出。德国的经济力量并不是那些显赫的大企业，而是默默无闻的中小企业，在德国，大多数中小企业都是世代相传的家族企业，具有家族性优势，这些企业被称作“隐形冠军”。这些“隐形冠军”在德国经济的发展中起着非常重要的作用。“隐形冠军”是指这样的企业：销售额不超过50亿欧元；在某个细分领域市场上品牌位于世界前三名，或者是领先的生产商；这些企业非常低调，社会公众基本不知道它们的存在，为了避免了竞争对手知道它们，所以是“隐形”的。

西蒙在2015年的《隐形冠军：未来全球化的先锋》一书中提到，他在全球范围内找到了2734家这样的“隐形冠军”企业，各国“隐形冠军”企业数量情况如图10－1所示。德国“隐形冠军”企业数量达1307家，占企业总数的47%，而中国仅有68家。德国每百万居民拥有“隐形冠军”企业16家，而中国每百万居民拥有“隐形冠军”企业仅仅0.1家。据研究，德国的大多数核心技术和创新产品都掌握在这些“隐形冠军”企业手中，它们利用自身技术的创新和优质的产品品质不断增加品牌效应，提高品牌价值，在全球细分市场上占据领导地位（王军等，2019），造就了“德国制造”就是高品质的奇迹。中国家族企业需要主动转型，像德国“隐形冠军”企业一样，成为细分市场的“领跑者”，持续专注产品质量提升和品牌培育，为提升中国品牌形象率先做出典范。

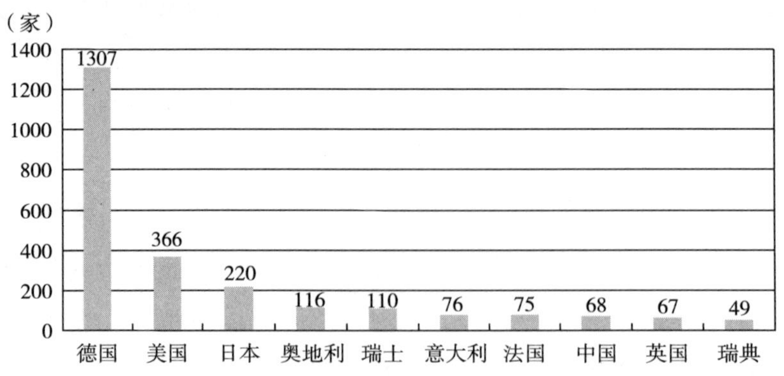

图10－1 “隐形冠军”企业数量国家排名

资料来源：［德］西蒙．隐形冠军：未来全球化的先锋［M］．北京：机械工业出版社，2015.

三、中国家族企业与"隐形冠军"企业的耦合

中国"隐形冠军"企业中的民营（家族）企业，平均的成长时间已经达到15年，虽然远远高于目前中国民营企业3年的平均寿命，但是与德国"隐形冠军"企业的寿命还相差很大，当然与中国企业历史发展有关，这些民营企业多数经历了中国经济的混沌、低迷、过热、宏观调控等各种困境中所遇到的挑战与诱惑。它们不但成功地生存下来，而且一直保持较高的增长。正如华为的任正非先生感叹道"什么是成功？经历了九死一生还能好好地活着，这才是真正的成功"。中国家族企业在这样错综复杂的商业环境中长期地生存本身就是一个巨大的挑战，要想持续生存下去就要具有德国"隐形冠军"企业的商业模式。

西蒙教授所提及的德国"隐形冠军"公司都有半个世纪甚至100多年的历史。它们的商业成功的主导逻辑是长期生存。"隐形冠军"公司在建立之初就确定了企业战略目标要成为长寿性企业，在德国，大多数"隐形冠军"企业都是世代相传的家族企业，有的传了几代人，有的甚至已经传了十几代。比如德国最古老的缝纫产品企业，起源于1340年，至今已传到家族的第16代。总结这些"隐形冠军"企业的成长特性：它们很平凡，没有特别出色的年增长率，但能够在很长的时间里保持着稳定、不断的进步，并且它们以一种聚沙成塔的方式在数十年的岁月中实现几何级数扩张。这些"隐形冠军"企业主要坚持走高质高价路线；它们有意保持自己的"隐身"状态，只和一些关键客户保持紧密联系，极少在媒体和公众面前曝光；它们还尽可能减少自己的知名度（邓地等，2006）。西蒙用三个环来总结"隐形冠军"企业的特质，如图10－2所示。中国的不少家族企业也是采用"隐身"或不上市方式发展，保持企业持续动力。为了让企业能基业长青，家族企业尝试了很多路径，但有些家族企业在传承过程中消亡，因此，中国的家族企业需要"隐形冠军"企业成功的逻辑策略和特质，发挥"特殊性家族性"优势，长久发展，实现企业的顺利传承，由此可见，中国家族企业的战略诉求与"隐形冠军"企业是一致的。

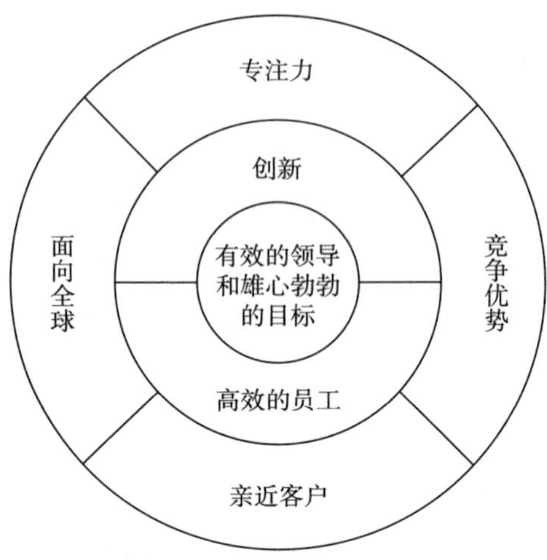

图 10－2 “隐形冠军”企业的特质

第二节 中国家族企业成为“隐形冠军”模式缺乏的条件

从西蒙总结“隐形冠军”企业的特质的三环图可知：最里面一环有雄心壮志的强力领导者；第二环是它们的创造能力和高素质、高效率的员工；最外面一环是“隐形冠军”企业非常专注于做一个细分市场，它们跟客户的距离很近，它们非常忠诚于客户，它们是以全球化为导向的企业。仔细探究德国“隐形冠军”企业的成功之路，可以发现有几个核心因素造就“德国制造”从耻辱到骄傲的蜕变的奇迹（李新华等，2017）。由此，笔者认为中国家族企业要发展成为“隐形冠军”企业存在以下现实困境。

一、中国家族企业缺少高技能的工人

高素质的技术工人是德国产品摆脱“劣质廉价”代名词的关键因素。“千工易遇，一匠难求”，高素质的工匠是德国推进制造业高质量的根本（王军，2019）。对于制造业来说，什么是最重要的资产？就是成熟的、训练有素的产业

工人。德国的制造业“隐形冠军”的核心竞争力就是这些具有专有性能力的产业工人。他们个个是身怀绝技的“工匠”。比如，有的工人练就了非常敏感的手指，随便拿起一颗螺丝钉，就可以感觉出微米级的尺寸差异。这绝对是一种“超能力”，正是有了这种高技能的工人，德国“隐形冠军”企业才能生产出高品质的产品。它们的核心优势就是学徒制培养出来的高技能的工人。德国制造企业在全球化背景下，不是通过转移生产线来降低成本，因为没有办法转移，转移了就生产不出同质的产品，而是通过更高的生产效率和产品的品质来赢得市场竞争（戴维·奥德兹等，2018）。而中国制造业家族企业产业工人，他们从职业技术学校毕业后，并没有机会像德国工人那样接受高质量的职业培训。有时出现“用工荒”，部分企业将目光瞄准了一些技术学校来实习的学生，其实就是顶岗工作，这些“学生工”实习工作往往不足六个月，只能熟悉一下岗位技能，这对于企业培养产业工人非常不利。社会地位不高、工作环境艰苦、工资待遇偏低、没有成就感，这些社会现实使得年轻人不想当蓝领工人。但蓝领就是工匠，中国就缺少制造业第一线技术熟练的高级技工。无论企业是搞创新还是谋转型，都必须有一大批具有坚定、踏实、精益求精的工匠精神的高级技工。

二、中国家族企业治理结构不完善

德国“隐形冠军”企业以家族企业为主，它们大多数都拒绝上市，主要是为了保证对企业的控制权和不让企业的经验受资本市场的影响，才能够着眼于长期战略。那企业不上市缺钱了怎么办呢？德国企业一般是找银行借，以间接融资的方式筹措资金。银行和企业的关系非常紧密，形成了一种长期合作伙伴关系，因此，银行对企业的经营情况非常了解，还会参与到企业的经营决策中。德国企业除了银行参与企业决策，员工也会参与到企业决策中，德国企业都会成立职工委员会，职工委员会有权参与到企业的经营决策中，这种企业不再完全属于股东，而是由股东和员工共同所有，双方共同行使权利，股东和员工变成了一个利益共同体。因此，德国“隐形冠军”企业治理是企业股东和利益相关方的共同治理，利益相关方包括银行、员工、社区、产业上下游等。而中国家族企业由家族控制，并由家族成员掌握企业的经营权，形成了以血缘关系为主导的权力和资源分配方式，在中国契约环境不完善的背景下，家族企业的治理模式以血缘关系为依据，以差序格局为导向的职务安排和资源分配结构，造成有些企业“董事会开成家庭会”，有些企业成为“光杆司令”或“夫妻店”（潘越等，2019），这种不完善治理模式对企业的战略决策和绩效产生负面影响。

三、缺乏支持家族企业研发的科研机构

德国“隐形冠军”企业由于体量小，在技术研发资金投入方面拼不过大企业和国际巨头，德国政府就全力支持。德国有众多科研机构，它们就像是德国企业的“研发外挂”，专门进行新技术研发，然后把研发成果转让给企业来应用。比如最著名的弗劳恩霍夫研究协会，是欧洲最大的应用科学研究机构，它拥有2.5万名科研人员，在德国就有69个研究分部，年度研发预算资金超过20亿欧元，每年研发出几千种技术应用成果。弗劳恩霍夫研究协会是公益性的非营利性机构，它2/3的科研经费都来自于德国政府，德国政府为这些机构投入大量资金，专门从事基础科学研究和应用开发领域推进创新，弥补德国中小制造企业的研发不足，极大增强了德国制造的竞争实力（戴维·奥德兹等，2018）。虽然中国也有一些促进企业创新的研发平台，但缺乏像德国政府扶持的科研机构，国内家族企业自身创新不足，研究表明，占据中国传统制造业半壁江山的家族企业普遍存在创新投入不足的问题，学者认为，控制家族往往会将保持或增加社会情感财富作为决策参照点，而研发活动会造成家族社会情感财富的损失，为了避免其损失，家族企业会选择减少研发活动和创新投入的决策（朱沆等，2016）。

四、缺乏造就“隐形冠军”企业的消费心态和意识

德国为何有那么多“隐形冠军”企业呢？要回答此问题就要深入了解“隐形冠军”企业生存的“土壤”。俗话说，有什么样的土质就会生长出什么样的果树，有什么样的消费群体需求就会有什么样的产品品质。“隐形冠军”企业所需的“土壤”也就是德国民众的消费心态和需求，德国消费者对企业的产品和服务质量要求非常苛刻，使得德国企业必须重视品牌价值，即成为“隐形冠军”才有出路。“隐形冠军”在消费者心中的品牌形象并不是通过广告、炒作以及超强的营销方案所形成的，而是在了解消费者的消费意识后，满足其消费需求，坚持质量为上，通过为消费者量体裁衣式的客户定位、亲近服务所形成的。因此，

“隐形冠军”所做的一切，就是要主动去适应“这片土壤”，消费者非常认可“隐形冠军”的技术创新、到位的服务、极优的产品质量，愿意购买质高价高的产品。同时这片“土壤”也以它良好的消费心态和意识，促进了“隐形冠军”在经营的各个环节中更加完善，从而更好地迎合消费者的需求和愿望，所以德国的消费土壤促进并打造了优者更优的德国“隐形冠军”（杨佩昌等，2017）。而当前中国消费者消费心态不成熟，对品牌不敏感，自我保护意识较弱，整个社会没有形成坚持质量为上、到位服务的消费氛围，因此，缺乏造就“隐形冠军”企业的“土壤”。

第三节 家族企业传承成为“隐形冠军”模式路径选择

一、制定工匠培育长远规划，建立工匠晋升激励机制

中国家族企业要重视产业工人对企业的重要性，要将培育工匠和弘扬工匠精神纳入到企业发展的重要议事日程，制定工匠培育的长远规划，并形成制度长期贯彻下去。从员工进入企业时，企业就要全方位致力于培养时代工匠的工作，打造一支真正的、适合家族企业发展的工匠队伍，为企业的发展储备高技能的专业性工人。针对当前年轻人不想当蓝领工人的局面，家族企业应对专业性工人制定一套晋升激励机制，除了合理的物质奖励和多元化的精神奖励制度外，还可以在培训、先进评选和员工疗养等方面体现。同时，企业还可以将工匠业绩、能力与晋升合理地结合，使他们看到能够通过技能的优势，实现人生价值。家族企业也可以借鉴德国的学徒制模式，让年龄比较小的工人每周在企业里工作3~4天，再花1~2天在职业学校学习与工作相关的理论知识。学徒培训至少两年，费用由企业和政府共同分担，这部分工人毕业后，就会安心在企业工作，对这部分工人采用“终身雇佣制”，持续对他们进行培育，弘扬工匠精神，使他们成为企业的核心竞争力。

二、完善家族企业治理结构，形成股东和员工共治的模式

中国家族企业由家族控制，并由家族成员掌握企业的经营权，形成了以血缘关系为主导的权力和资源分配方式，与德国“隐形冠军”企业的治理模式有较大差距，需要完善家族企业治理结构。家族企业的治理结构应是企业股东和利益相关方的共同治理，利益相关方由与家族企业有合作关系的银行、员工、社区等组成。中国家族企业可以通过间接融资方式筹措资金，通过民营银行或合作银行来提供资金，政府要严格监管这些银行，使企业和银行保持紧密的合作关系，这些银行对家族企业的经营情况非常了解，同时还可以参与到家族企业的经营决策中。高素质的工人是家族企业的核心竞争力，要让员工参与到企业的经营决策中，在家族企业中成立员工或职工委员会，他们不仅享有对企业经营状况的知情权，而且有权参与到企业的经营决策中，让员工充分表达自己的利益和诉求，员工更会对家族企业有种归属感，家族企业的股东和员工变成了利益共同体，形成股东和员工共治的模式。股东和员工共治意味着家族企业不再完全是股东，在一定程度上是由股东和企业员工共同所有，双方共同行使权利，这种模式会减少很多委托—代理问题，股东和员工都会将提升产品质量、企业长期发展作为永恒目标，家族企业自然会长久发展下去。

三、建立健全创新激励机制，提高品牌价值

德国每年的专利申请数量总体上升，德国企业非常重视研发投入，每年都要从营业收入中提取5% ~10%的资金进行产品研发。德国企业健全的创新机制，提升“德国制造”的价值。图10 -3是德国达利亚研究中心对一些国家进行的“国家制造指数”排名，这个指数用来衡量全球消费者对各国制造的产品的信任程度，可以看出德国品牌在全球范围“优质高端”的形象，而“中国制造”的形象需要更多中国企业去重塑和提升。

中国家族企业由于内生动力不足，自主创新能力较弱，需要在企业内部建立健全创新激励机制，注重发明创造和技术创新，增强其品牌的技术含量和价值含量，提升企业品牌。鼓励企业员工进行技术创新，为他们创造发明提供一定的平台，建立员工技术创新激励机制。积极与科研机构合作，共同研制和开发重大创

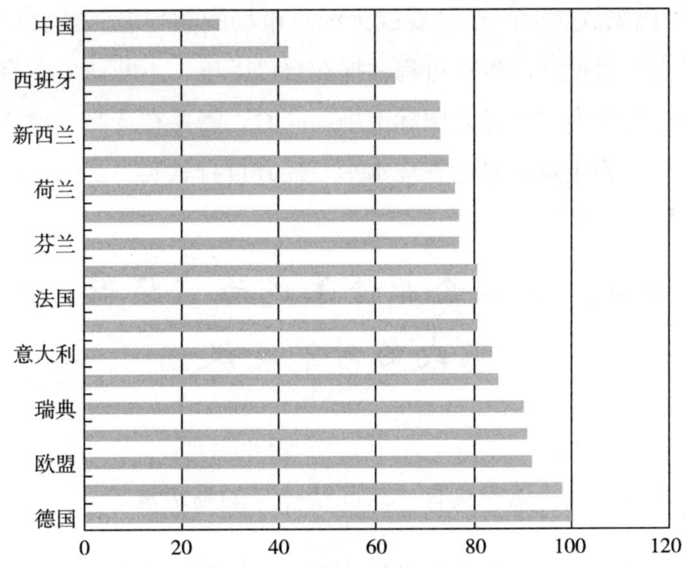

图 10－3 国家制造指数排名

资料来源：Martin Armstrong. The World's Most Respected "Made in" Labels［EB/OL］. https://www.statista.com/chart/8654/mici－the－worlds－most－respected－made－in－labels/，2017－03－27.

新产品和先进技术。家族企业要加大产学研合作力度，引导创新资源向企业集聚，在产学研的合作中，形成以家族企业为主体、市场为导向、产学研结合的技术创新体系。家族企业要加强品牌的科技化水平，进而提升品牌价值，让家族企业的产品取得竞争优势，维护品牌的核心价值，最终提升中国产品在海外的形象。

四、掌握核心技术和产品，建立全球业务链市场

中国家族企业需要像德国企业那样专注自己的行业，做细分市场或行业的"领跑者"，专注于培育细分市场的核心产品，这就需要企业必须通过国际化来分散产品集中策略的风险，要建立全球业务链市场，拓展市场空间。据调查，79%的"隐形冠军"企业把自己的产品列入高端行列，94%的产品都处于市场的成长期和成熟期，这表明"隐形冠军"企业的产品不是新产品，它们的产品在市场上有长期的需求性，那就要不断研发，使产品满足客户不断变化的需求（周

磊，2015）。中国家族企业的产品要成为国际市场的领导者，就要提高产品的加工深度和软实力。要把产品生产过程掌握在自己手里，不断研发掌握核心技术和产品，凭借自己的实力单独进入国际市场。同时，需要在产品中融入优质服务和系统整合，增强家族企业自身的管理水平，提升自身软实力。

第四节 家族企业传承成为“隐形冠军”模式的对策建议

一、优化教育体系，培养具有“工匠精神”的高级技工

德国将职业教育视为“经济发展的支柱”，中国政府可以借鉴德国对中小企业进行职业培训和给予一定的补贴的做法，重视职业教育的发展。在人才培养方面要摒弃教育模式中学校与企业、培训与需求、理论与实践相脱节的做法，必须改变社会是“唯学历、唯文凭”的风气，优化职业教育体系。对职业教育进行整体规划和合理安排，根据家族企业实践需要确定培训内容。职业教育要因地制宜，针对家族企业的专有性工人培训，政府要给予一定的补助，充分发挥政府的宏观调控职能，有效合理地整合职业教育资源。德国对于青年技术工人实行“双轨制”教育，即工人在进入工作岗位之前，都必须接受相应企业进行的针对性岗位技术培训，获得资格方可参加工作，而且这些工人的职业声誉与德国产品质量紧密相关，如果技术工人生产的产品质量出了问题，他就会被解雇，这就造就了“工匠精神”。中国家族企业可以借鉴德国企业培养“工匠”的方式，与职业技术学校合作，共同培养高技能的工人。

二、重视顶层设计，提供制度保障

德国政府以推进高技术战略为方向，聚焦未来重点尖端技术发展领域，制定了一系列的提升核心竞争能力的制度和政策。德国在培育“隐形冠军”方面注重顶层设计，中国政府也开始重视，工信部 2016 年公布了《制造业单项冠军企业培育提升专项行动实施方案》，2017 年公示了两批制造业领域的单项冠军示范

（培育）企业的名单。国家引导以技术为核心的中小企业，加强金融市场的监管，打击投机行为。中国政府通过降低科技型企业的税费来建立技术创新和可持续发展的理念。要树立对知识的重新认识，知识除了基础理论层面和应用研发层面，还有非常重要的是“干中学”，也就是说，制造行业的工艺和技术同样是知识，而且是典型的实践性知识，因此，制造企业本身就是一所最好的“创新大学”。中国可以借鉴德国研究机构为家族企业技术创新提供“研发外挂”，政府要制定制度和政策，扶持研究机构和企业的合作，为这些研究机构提供经费，补齐家族企业的研发“短板”。要加强中介机构建设，科技中介服务机构是联结科技和经济的桥梁，中介机构将企业和大学、研发机构联系起来，提升家族企业自身科技实力，以增强中国整个制造业的竞争实力。

三、为家族企业提供直接融资渠道

政府需要对家族企业进行金融扶持，加大金融改革力度，按照市场机制的要求，深化国有商业银行的改革，可以设立专为民营企业提供融资服务的金融窗口和金融机制。家族企业大都不上市，因此，不能通过证券市场进行直接融资，政府需要给它们提供直接融资渠道，可以成立储贷银行或合作银行，主要为民营企业提供资金，这些银行受到政府的严格监管，要保障稳定性和规范性，这些银行和民营企业之间联系非常紧密，会形成长期合作伙伴关系，这些银行要非常了解民营企业的经营情况，并可以参与到企业经营决策中，这样银行和企业之间能够实现共赢。还可以总结中小企业信用担保公司成功的经验，发挥中小企业信用担保公司的作用，建立政府主导的信用评价机构和机制，对民营企业的信用状况做出真实可靠的评估。

四、营造重视品牌的消费氛围

在全社会推动消费升级，引导民众消费理念从价格导向转变为价值导向，并形成注重品牌的理性消费氛围。德国的“隐形冠军”在消费者心中的品牌形象并不是通过广告、炒作形成的，而是通过为消费者量体裁衣式的客户定位和贴心的服务所形成的。很多德国消费者已经高度认可和信任“隐形冠军”的产品，并愿意为此付出高价，他们看重的是价值而非价格。正是由于良好的消费心态和意识，促进了德国“隐形冠军”在经营的各个环节中更加完善，所以德国的消费“土壤”促进并打造了优者更优的德国“隐形冠军”（朱巍等，2019）。在中国也应该营造重视品牌的消费氛围，与此同时，要有严格的知识产权保护法及强大的执法能力，让造假产品没有市场，不断深化知识产权国际合作，积极融入全球知识产权治理体系，参与知识产权国际规则制定，开展知识产权海外维权援助。

本书主要围绕着家族企业代际传承模式主题进行分析，重点结合家族性资源与代际传承的关系，在资源观视角下，研究家族性资源在传承模式中如何发挥作用；揭示家族企业子承父业的合理性、优势和劣势等，明确家族性资源与家族企业代际传承之间的关系，进一步探析家族性资源在代际传承过程中的作用；同时，基于社会情感财富理论框架和制度理论，研究家族性慈善捐赠与代际传承如何结合；揭示在不同股权制衡度和冗余资源的家族企业慈善捐赠的家族性动机，进一步探析宏观制度环境对家族企业慈善捐赠的影响，深入分析家族慈善在代际传承中的重要作用；在研究中还初步探讨家族企业代际传承模式的新发展趋势——跨代创业，跨代创业是一种战略变革行为，它在家族企业代际传承过程中对企业经营绩效会产生什么影响；研究提供了家族跨代创业与代际传承融合的思路和框架，以期对研究者奠定基础；最后研究探讨家族企业传承基业长青的方式成为“隐形冠军”企业的思路。

参考文献

［1］曹春方．政治权力转移与公司投资——中国的逻辑［J］．管理世界，2013（1）：143－156.

［2］蔡地，沈达勇，刘雪萍．家族控制的上市公司更加“乐善好施”吗［J］．当代经济科学，2016（2）：103－114.

［3］陈德球，肖泽忠，董志勇．家族控制权结构与银行信贷合约：寻租还是效率［J］．管理世界，2013（9）：130－143.

［4］陈宏辉，贾生华．企业社会责任观的演进与发展：基于综合性社会契约的理解［J］．中国工业经济，2003（12）：85－92.

［5］陈宏辉，王鹏飞．企业慈善捐赠行为影响因素的实证分析——以广东省民营企业为例［J］．当代经济管理，2010，32（8）：17－24.

［6］程继隆．“民企二代”调查［M］．北京：现代出版社，2011.

［7］陈家田．上市家族企业 CEO 薪酬激励实证研究——基于双重委托代理视角［J］．管理评论，2014，26（11）：159－167.

［8］陈建林．利他主义、代理成本与家族企业成长［J］．管理评论，2011，23（9）：50－57.

［9］陈建林．家族企业管理者角色选择的理论分析——代理理论与管家理论的争论与整合［J］．外国经济与管理，2008，30（4）：47－51.

［10］陈凌．创业式传承的方太模式［J］．经理人，2019（9）：38－41.

［11］陈凌，陈华丽．家族涉入、社会情感财富与企业慈善捐赠行为［J］．管理世界，2014（8）：90－101.

［12］陈凌，李新春，储小平．中国家族企业的社会角色——过去、现在和未来［M］．杭州：浙江大学出版社，2011.

[13] 陈凌，叶长兵．中小家族企业融资行为研究综述［J］．浙江大学学报（人文社会科学版）2007，37（4）：172－181.

[14] 陈凌，应丽芬．代际传承：家族企业继任管理和创新［J］．管理世界，2003（6）：89－96.

[15] 陈凌，茅理翔．创业式传承［M］．北京：机械工业出版社，2019.

[16] 陈璐，苏宗伟．中国家族企业子女继任意愿的影响因素研究［J］．上海管理科学，2013，35（3）：55－61.

[17] 陈倩倩，尹义华．民营企业、制度环境与社会资本——来自上市家族企业的经验证据［J］．财经研究，2014，40（11）：71－81.

[18] 陈强．高级计量经济学及 Stata 应用（第二版）［M］．北京：高等教育出版社，2014.

[19] 陈瑞霞．浅析中国企业的慈善行为［J］．中国发展，2006（1）：23－25.

[20] 陈文婷．家族企业跨代际创业传承研究——基于资源观视角的考察［J］．东北财经大学学报，2012（4）：3－9.

[21] 陈文婷．女性继任者领导力与家族企业跨代创业成长——文献综述与研究框架［J］．经济管理，2020，42（7）：192－207.

[22] 储小平．家族企业研究：一个具有现代意义的话题［J］．中国社会科学，2000（5）：51－58.

[23] 储小平．职业经理与家族企业的成长［J］．管理世界，2002（4）：100－108.

[24] 储小平．华人家族企业的界定［J］．经济理论与经济管理，2004（1）：49－53.

[25] 代吉林，李新春，朱仁宏．家族资源支持类型与家族创业：基于家族义务与创业者素质视角——兼对家族社会资本研究的一个补充［J］．商业经济与管理，2013（1）：5－14.

[26] 戴亦一，潘越，冯舒．中国企业的慈善捐赠是一种政治献金吗？——来自市委书记更替的证据［J］．经济研究，2014，49（2）：74－86.

[27] 戴维·奥德兹，埃里克·莱曼．德国的七个秘密［M］．北京：中信出版社，2018.

［28］邓地，万中兴．专注：解读中国隐形冠军企业［M］．杭州：浙江人民出版社，2006.

［29］董志勇，官皓．家族企业引入职业经理人问题分析——基于汕建实业的案例研究［J］．技术经济与管理研究，2010（3）：77－81.

［30］窦军生，邬爱其．家族企业传承过程演进：国外经典模型评介与创新［J］．外国经济与管理，2005，27（9）：52－58.

［31］窦军生，贾生华．家族企业代际传承影响因素研究述评［J］．外国经济与管理，2006，28（9）：52－58.

［32］窦军生，贾生华．家族企业代际传承理论研究前沿动态［J］．外国经济与管理，2007，29（2）：45－50.

［33］窦军生，贾生华．家族企业代际传承研究的起源、演进与展望［J］．外国经济与管理，2008，30（1）：59－64.

［34］杜宽旗，张虎文，徐莎莎．创业型家族企业传承前后治理理念的演变［J］．河南社会科学，2017，25（2）：111－114.

［35］杜兴强，雷宇．企业利益相关者的利益关系：冲突还是融合［J］．山西财经大学学报，2009，31（6）：59－65.

［36］杜兴强，杜颖洁．公益性捐赠、会计业绩与市场绩效：基于汶川大地震的经验证据［J］．当代财经，2010（2）：113－122.

［37］杜兴强，陈韫慧，杜颖洁．寻租、政治联系与“真实”业绩——基于民营上市公司的经营证据［J］．金融研究，2010（10）：135－157.

［38］段云，国瑶．政治关系、货币政策与债务结构研究［J］．南开管理评论，2012，15（5）：84－94.

［39］方军雄．公司捐赠与经济理性——汶川地震后中国上市公司捐赠行为的再检验［J］．上海立信会计学院学报，2011，25（1）：17－26.

［40］方军雄．政府干预、所有权性质与企业并购［J］．管理世界，2008（9）：118－123.

［41］房钰君，吴炯．家族企业为何把女儿排除在继承人之外——文献综述［J］．企业活力，2012（11）：92－96.

［42］高勇强，何晓斌，李路路．民营企业家社会身份、经济条件与企业慈

善捐赠［J］．经济研究，2011，46（12）：111－123.

［43］高勇强，陈亚静，张云均．“红领巾”还是“绿领巾”：民营企业慈善捐赠动机研究［J］．管理世界，2012（8）：106－114.

［44］郭超．子承父业还是开拓新机——二代接班者价值观偏离与家族企业转型创业［J］．中山大学学报（社会科学版），2013，53（2）：189－198.

［45］郭剑花，杜兴强．政治联系、预算软约束与政府补助的配置效率——基于中国民营上市公司的经验研究［J］．金融研究，2011（2）：114－128.

［46］郭萍．计划生育、家庭结构与中国家族企业传承——一个探索性研究［J］．学术月刊，2014，46（1）：89－99.

［47］郭跃进．论家族企业家族化水平的测定原理与方法［J］．中国工业经济，2002（12）：87－91.

［48］赫尔曼·西蒙．隐形冠军：未来全球化的先锋［M］．北京：机械工业出版社，2015.

［49］贺小刚，边燕玲．家族权威与企业家族：基于家族上市公司的实证研究［J］．经济研究，2009，44（4）：90－102.

［50］贺小刚，边燕玲，李婧．家族控制中的亲缘效应分析与检验［J］．中国工业经济，2010（1）：135－145.

［51］贺小刚，李婧，陈蕾．家族成员组合与公司治理效率：基于家族上市公司的实证研究［J］．南开管理评论，2010，13（6）：149－160.

［52］贺小刚，李新春，连燕玲．家族成员的权力集中度与企业绩效——对家族上市公司的研究［J］．管理科学学报，2011，14（5）：86－96.

［53］贺小刚，李婧，张远飞，边燕玲．创业家族的共同治理有效还是无效？——基于中国家族上市公司的实证研究［J］．管理评论，2016，28（6）：150－161.

［54］何轩，朱沆．基于资源观视角的家族涉入与家族企业竞争优势探讨［J］．外国经济与管理，2007，29（11）：38－44.

［55］何轩，朱沆．利他主义、亲情寻租与家族企业治理［J］．外国经济与管理，2008，30（9）：28－31.

［56］何轩，张信勇．家族企业文化调节作用下的家族成员影响活动与企业

绩效［J］. 管理评论，2015，27（3）：113－121.

［57］贾明，张喆. 高管的政治关联影响公司慈善行为吗？［J］. 管理世界，2010（4）：99－112.

［58］江若尘. 企业利益相关者问题的实证研究［J］. 中国工业经济，2006（10）：67－74.

［59］雷丁. 海外华人企业家的管理思想——文化背景与风格［M］. 上海：上海三联书店，1993.

［60］雷宇. 慈善、“伪善”与公众评价［J］. 管理评论，2015，27（3）：122－132.

［61］冷建飞，王凯. 补贴对农业上市公司盈利的影响研究——基于面板数据模型的分析［J］. 江西农业大学学报，2007，19（2）：35－39.

［62］金祥荣，余立智. 控制权市场缺失与民营家族制企业成长中的产权障碍［J］. 中国农村经济，2002（8）：30－35.

［63］理查德·斯科特. 制度与组织——思想观念与物质利益（第三版）［M］. 姚伟，王黎芳译. 北京：中国人民大学出版社，2010.

［64］李领臣. 公司慈善捐赠的利益平衡［J］. 法学，2007（4）：89－96.

［65］李新春，韩剑，李炜文. 传承还是另创领地？——家族企业二代继承的权威合法性建构［J］. 管理世界，2015（6）：110－124.

［66］李新春，张鹏翔，叶文平. 家族企业跨代资源整合与组合创业［J］. 管理科学学报，2016，19（11）：1－16.

［67］李新华. 从三个维度看“德国制造”［J］. 开发导报，2017（2）：84－87.

［68］李跃宇. 交易费用决定家族企业的传承方式［J］. 商业研究，2009（12）：120－122.

［69］李维安，邱艾超，古志辉. 双重公司治理环境、政治联系偏好与公司绩效——基于中国民营上市公司治理转型的研究［J］. 中国工业经济，2010（6）：85－95.

［70］梁建，陈爽英，盖庆恩. 民营企业的政治参与、治理结构与慈善捐赠［J］. 管理世界，2010（7）：109－118.

［71］林渊博，杜纲. 多角度的家族企业再界定［J］. 现代管理科学，2009

(9)：84 -86.

［72］刘绵勇．家族治理模式在中国的发展前景［J］．求索，2012（7）：20 -22.

［73］刘婷，刘巨钦．我国家族企业子承父业影响因素及实施策略研究［J］．宏观经济研究，2012（6）：100 -106.

［74］陆可晶，罗仲伟，张源，李先军．家族跨代创业竞争优势获取路径研究——基于扎根理论的探索性分析［J］．技术经济与管理研究，2020（1）：30 -35.

［75］吕政，郭朝先．家族制企业需要“蜕变”［J］．浙江经济，2001（11）：8 -9.

［76］潘必胜．乡镇企业中的家族经营问题——兼论家族企业在中国的历史命运［J］．中国农村观察，1998（1）：12 -18.

［77］潘越，戴亦一．李财喜．政治关联与财务困境公司的政府补助——来自中国ST公司的经验证据［J］．南开管理评论，2009，12（5）：6 -17.

［78］潘越，翁若宇，纪翔阁，戴亦一．宗族文化与家族企业治理的血缘情结［J］．管理世界，2019，35（7）：116 -203.

［79］皮建才．转型时期家族企业经理选择的动态博弈分析［J］．暨南学报，2013，35（3）：53 -58.

［80］齐齐，赵树宽，胡玮璇．家族创业研究现状述评和未来研究展望［J］．外国经济与管理，2017，39（10）：18 -39.

［81］沈奇泰松．组织合法性视角下制度压力对企业社会绩效的影响机制研究［D］．杭州：浙江大学，2010.

［82］山立威，甘犁，郑涛．公司捐款与经济动机——汶川地震后中国上市公司捐款的实证研究［J］．经济研究，2008，43（11）：51 -61.

［83］宋继文，孙志强，文珊珊．中国家族企业的代际产出过程研究——基于组织行为学与社会学的视角［J］．管理学报，2008，5（4）：522 -527.

［84］苏启林，万俊毅，欧晓明．家族控制权与家族企业治理的国际比较［J］．外国经济与管理，2003（5）：2 -8.

［85］苏启林．基于代理理论与管家理论视角的家族企业经理人行为选择

[J]．外国经济与管理，2007，29（2）：51－56.

［86］苏启林，朱文．上市公司家族控制与企业价值［J］．经济研究，2003（8）：36－45.

［87］苏启林，张庆霖．利他主义介入的家族企业代理冲突研究［J］．中国地质大学学报，2009，9（5）：85－88.

［88］孙秀峰，宋泉昆，冯浩天．家族企业企业家隐性知识的代际传承——基于跨代创业视角的多案例研究［J］．管理案例研究与评论，2017，10（1）：20－33.

［89］孙秀峰，王雪梅，宋泉昆．家族企业代际传承影响企业经营绩效的路径——基于跨代转型创业与继承人社会资本的视角［J］．经济理论与经济管理，2019（4）：98－112.

［90］孙铮，李增泉，王景斌．所有权性质、会计信息与债务契约——来自我国上市公司的经验证据［J］．管理世界，2006（10）：100－107.

［91］汤莉，杜善重．家族涉入与企业绩效——基于团队稳定性与冗余资源的调节效应［J］．会计与经济研究，2018，32（3）：54－72.

［92］田利华，陈晓东．企业策略性捐赠行为研究：慈善投入的视角［J］．中央财经大学学报，2007（2）：58－63.

［93］万胜利．我国家族企业“子承父业”的现状及理论解读［J］．学术交流，2013（6）：101－102.

［94］王婀嫦．民营上市公司融资结构与企业价值关系研究——基于深市中小企业板的数据分析［D］．沈阳：辽宁大学，2012.

［95］王保进．多变量分析：统计软件与数据分析［M］．北京：北京大学出版社，2007.

［96］王端旭，潘奇．企业慈善行为的演化及其理论解释［J］．管理学动态，2009，31（5）：182－186.

［97］王端旭，潘奇．企业慈善捐赠带来价值回报吗——以利益相关者满足程度为调节变量的上市公司实证研究［J］．中国工业经济，2011（7）：118－128.

［98］王辉．从经济人视角看慈善捐赠的动机［J］．当代经济研究，2011

(11)：48 –52.

［99］王军，韩笑梅．“德国制造”品牌形象重塑的经验及借鉴［J］．宏观经济管理，2019（8）：68 –73.

［100］王琳芝．从韦伯的社会行动理论看我国企业慈善捐赠行为［J］．理论与观察，2009（2）：95 –96.

［101］王明琳，周生春．控制性家族类型、双重三层委托代理问题与企业价值［J］．管理世界，2006（8）：83 –93.

［102］王明琳．国内家族上市公司治理结构实证研究——基于创业型（FFB）和非创业型（N –FFB）的比较分析［J］．财经论丛，2008，6（6）：84 –89.

［103］王明琳，陈凌，叶长兵．中国民营上市公司的家族治理与企业价值［J］．南开管理评论，2010，13（2）：61 –67.

［104］王明琳，徐萌娜，王河森．利他行为能够降低代理成本吗？——基于家族企业中亲缘利他行为的实证研究［J］．经济研究，2014，49（3）：144 –157.

［105］王倩．企业社会责任与企业财务绩效的关系研究——制度环境的调节效应［D］．杭州：浙江大学，2014.

［106］王贤彬，徐现祥．地方官员来源、去向、任期与经济增长——来自中国省长省委书记的证据［J］．管理世界，2009（3）：16 –26.

［107］汪祥耀，金一禾．家族企业代际传承及二代推动战略转型的绩效研究［J］．财经论丛，2015，11（11）：61 –70.

［108］王小鲁，樊纲，余静文．中国分省份市场化指数报告（2016）［M］．北京：社会科学文献出版社，2017.

［109］王扬眉，叶仕峰．家族性资源战略传承：从适应性到选择性组合创业——一个纵向案例研究［J］．南方经济，2018（10）：49 –67.

［110］王扬眉，梁果，李爱君，王海波．家族企业海归继承人创业学习过程研究——基于文化框架转换的多案例分析［J］．管理世界，2020，36（3）：120 –141.

［111］魏志华，林亚清，吴育辉，李常青．家族企业研究：一个文献计量分析［J］．经济学（季刊），2013，13（1）：27 –56.

［112］温忠麟，张雷，候杰泰，刘红运．中介效应检验程序及其应用[J]．心理学报，2004（5）：614－620.

［113］温忠麟，候杰泰，张雷．调节效应与中介效应的比较和应用［J］．心理学报，2005（2）：268－274.

［114］温忠麟，叶宝娟．中介效应分析：方法和模型发展［J］．心理科学进展，2014，22（5）：731－745.

［115］吴炳德，陈士慧，窦军生，朱建安．家族企业代际创业研究动态与述评［J］．中国科技论坛，2017（3）：117－123.

［116］吴丹．股权结构对上市公司社会责任履行情况的影响［D］．兰州：兰州商学院，2013.

［117］吴炯，颜丝琪．家族企业跨代创业：类型与动因［J］．经济体制改革，2016（2）：125－130.

［118］吴文锋，吴冲锋，刘晓薇．中国民营上市公司高管的政府背景与公司价值［J］．经济研究，2008（7）：130－141.

［119］许金花，李善民，张东．家族涉入、制度环境与企业自愿性社会责任——基于第十次全国私营企业调查的实证研究［J］．经济管理，2018，40（5）：37－53.

［120］徐莉萍，辛宇，祝继高．媒体关注与上市公司社会责任之履行——基于汶川地震捐款的实证研究［J］．管理世界，2011（3）：135－143.

［121］许林，陈丽娟．家族企业传承与发展：基于中外经典模式的思考［J］．商业研究，2009（11）：102－104.

［122］许年行，李哲．高管贫困经历与企业慈善捐赠［J］．经济研究，2016，51（12）：133－146.

［123］徐鹏，宁向东．家族化管理会为家族企业创造价值？——以中小板家族上市公司为例［J］．科学学与科学技术管理，2011，32（11）：144－150.

［124］徐细雄，龙志能，李万利．儒家文化与企业慈善捐赠［J］．外国经济与管理，2020，42（2）：124－136.

［125］徐业坤，钱先航，李维安．政治不确定性、政治关联与民营企业投资——来自市委书记更替的证据［J］．管理世界，2013（5）：116－129.

［126］许永斌，惠男男．家族企业代际传承的情感价值动因分析［J］．会计研究，2013（7）：77－81.

［127］燕波，王然，张耀辉．公民意识、公司价值和企业捐赠行为研究［J］．南方经济，2009（5）：3－13.

［128］严昊．上市家族企业绩效及其代际传承［D］．上海：复旦大学，2013.

［129］剡佳媛，钱怡．我国家族企业代际传承困境与治理对策［J］．经济师，2017（4）：269－270.

［130］杨佩昌．全球“隐形冠军”为何德国最多［J］．企业管理，2017（1）：40－41.

［131］杨团．慈善蓝皮书：中国慈善发展报告（2013）［M］．北京：社会科学文献出版社，2013.

［132］杨在军．中国家族企业继任子承父业模式困惑及其理论解读［J］．当代经济科学，2009，31（5）：104－109.

［133］叶艳，李孔岳．企业规模、家族涉入与私营企业捐赠行为——基于战略性动机的研究［J］．当代财经，2017（12）：78－86.

［134］尹珏林．企业社会责任前置因素及其作用机制研究［D］．天津：南开大学，2010.

［135］于荣荣．我国家族企业权力传承问题研究［D］．济南：山东大学，2006.

［136］于晓东，刘刚，梁晗．家族企业亲属关系组合与高效治理模式研究——基于中国家族上市公司的定性比较分析［J］．中国软科学，2018（3）：153－165.

［137］余向前．家族企业代际传承方式及其路径：152 个样本［J］．改革，2008（3）：113－118.

［138］余向前，张正堂，张一力．企业家隐性知识、交接班意愿与家族企业代际传承［J］．管理世界，2013（11）：77－88.

［139］张建君．竞争—承诺—服从：中国企业慈善捐款的动机［J］．管理世界，2013（9）：118－129.

［140］张敏，马黎珺，张雯．企业慈善捐赠的政企纽带效应——基于我国上市公司的经验证据［J］．管理世界，2013（7）：163－171.

［141］张维迎，陈昕．博弈论与信息经济学［M］．上海：上海世纪格致出版社，2012.

［142］中国民（私）营经济研究会家族企业委员会．中国家族企业社会责任报告［M］．北京：中信出版社，2013.

［143］中国社会科学院社会政策研究中心．中国慈善发展报告（2010－2013）［M］．北京：社会科学文献出版社，2014.

［144］中国民（私）营经济研究会家族企业研究课题组．中国家族企业发展报告2011［M］．北京：中信出版社，2011.

［145］中国制造业需要“工匠型”产业工人［N］．时代新闻，2019－10－13.

［146］钟宏武．企业慈善捐赠行为作用的综合解析［J］．中国工业经济，2007（2）：2－7.

［147］周磊．德国中小企业太剽悍　一千多家“隐形冠军”占据全球半壁江山［N］．欧洲时报（德国版），2015－12－18.

［148］周志强，田银华，王克喜．家族企业契约治理模型、模式及其选择研究——基于代理理论与管家理论融合视角［J］．商业经济与管理，2013（5）：5－12.

［149］朱沆，Eric Kushins，周影辉．社会情感财富抑制了中国家族企业的创新投入吗？［J］．管理世界，2016（3）：99－114.

［150］朱巍，陈慧慧，陈潇宇．隐形冠军：国际竞争视野下科技型中小企业培养变革趋势与策略［J］．科技进步与对策，2019，36（3）：77－82.

［151］邹立凯，宋丽红，梁强．“后天的慈善家”——传承背景下家族企业慈善捐赠研究［J］．外国经济与管理，2020，42（3）：118－135.

［152］Allen，F. J.，Qian，M.，Qian，J.. Law，Finance and Economic Growth in China［J］. Journal of Financial Economics，2005（77）：57－116.

［153］Anderson，R. C.，Reeb，D.. Founding Family Ownership and Firm Performance：Evidence from the S&P 500［J］. Journal of Finance，2003，58（3）：1301－1327.

[154] Aupperle, K. E., Carroll, A. B., Hatfield, J. D.. An Empirical Examination of the Relationship Between Corporate Social Responsibility and Profitability [J]. Academy of Management Journal, 1985, 28 (2): 446 -463.

[155] Barnes, L. B., Hershon, S. A.. Transferring Power in the Family Business [J]. Harvard Business Review, 1976, 54 (4): 105 -114.

[156] Barney, J. B.. Firm Resources and Sustained Competitive Advantage [J]. Journal of Management, 1991 (17): 99 -120.

[157] Becker, G. S.. A Theory of Social Interaction [J]. Journal of Political Economy, 1974, 82 (5): 1063 -1093.

[158] Bergstrom, F.. Capital Subsidies and the Performance of Firms [J]. Small Business Economics, 2000, 14 (3): 183 - 193.

[159] Berrone, P.. Socioemotional Wealth and Corporate Responses to Institutional Pressures: Do Family -Controlled Firms Pollute Less? [J]. Administrative Science Quarterly, 2010, 55 (1): 82 -113.

[160] Berrone, P., Cruz, C. C., Gomez -Mejia, L. R.. Socioemotional Wealth in Family Firm: Theoretical Dimensions, Assessment Approaches and Agenda for Future Reach [J]. Family Business Review, 2012 (25): 258 -279.

[161] Bettinelli, C., Fayolle, A., Randerson, K.. Family Entrepreneurship: A Developing Field [J]. Foundation Sand Trends in Entrepreneurship, 2014, 10 (3): 161 -236.

[162] Blumentritt T., Mathews T., Marchisio G.. Game Theory and Family Business Succession: An Introduction [J]. Family Business Review, 2012, 26 (1): 51 -67.

[163] Bird, M., K. Wennberg. Why Family Matters: The Impact of Family Resources on Immigrant Entrepreneurs' Exit from Entrepreneurship [J]. Journal of Business Venturing, 2016, 31 (6): 687 -704.

[164] Bourgeois, L. J.. On the Measurement of Organizational Slack [J]. Academy of Management Review, 1983, 6 (1): 29 -39.

[165] Bozer, G., Levin, L., Santora, J. C.. Succession in Family Business:

Multi – source Perspectives [J] . Journal of Small Business & Enterprise Development, 2017, 24 (2): 256 –283.

[166] Campbell, L. , Gulas, C. S. , Gruca, T. S. . Corporate Giving Behavior and Decision – Maker Social Consciousness [J] . The Journal of Business Ethics, 1999, 19 (4): 375 –383.

[167] Carney, M. . Corporate Governance and Competitive Advantage in Family – controlled Firms [J] . Entrepreneurship Theory and Practice, 2005, 29 (3): 249 – 265.

[168] Casillas, J. C. , Moreno, A. M. . The Relationship Between Entrepreneurial Orientation and Growth: The Moderating Role of Family Involvement [J] . Entrepreneurship & Regional Development, 2010, 22 (4): 265 –291.

[169] Cheng, B. , Ioannou, I. , Serafeim, G. . Corporate Social Responsibility and Access to Finance [J] . Strategic Management Journal, 2014, 35 (1): 1 –23.

[170] Chrisman, J. J. , Chua, J. H. , Sharma, P. . Important Attributes of Successors in Family Businesses: An Exploratory Study [J] . Family Business Review, 1998, 11 (1): 19 –34.

[171] Chrisman, J. J. , Chua, J. H. , Sharma, P. . Trends and Directions in the Development of a Strategic Management Theory of the Family Firm [J] . Entrepreneurship Theory and Practice , 2005, 29 (5): 555 –576.

[172] Chrisman, J. J. , Chua, J. H. , Pearson, A. W. , Barnett, T. . Family Involvement, Family Influence and Family – Centered Not – Economical Goals in Small Firms [J] . Entrepreneurship Theory and Practice, 2012, 25 (2): 258 –279.

[173] Chua, J. H. , Chrisman, J. J. , Sharma, P. . Defining the Family Business by Behavior [J] . Entrepreneurship Theory and Practice, 1999, 23 (4): 19 –39.

[174] Chua, J. H. , Chrisman, J. J. , Bergie, E. B. . An Agency Theoretic Analysis of the Professionalized Family Firm [J] . Entrepreneurship Theory and Practice, 2009, 33 (2): 355 –372.

[175] Churchill, N. C. , Hatten, K. J. . Non – market Based Transfers of Wealth and Power: A Research Framework for Family Business [J] . American Journal of

Small Business, 1987, 11 (3): 51 -64.

[176] Coase, R. H.. The Nature of the Firm [J] . Economica (London School of Economics) New Series, 1937, 4 (16) : 386 -405.

[177] Corbetta, G., Montemerlo, D.. Ownership, Governance and Management Issues in Small and Medium - Size Family Business: A Comparison of Italy and the United States [J] . Family Business Review, 1999, 12 (4): 361 -374.

[178] Davis, J. H., Schoorman, F. D., Donaldson, L.. The Distinctiveness of Agency Theory and Stewardship Theory [J] . Academy of Management Review, 1997, 22 (1): 611 -613.

[179] Davis, J. H, Schoorman, F. D., Donalson, L.. Toward a Stewardship Theory of Management [J] . Academy of Management Review, 1997, 22 (1): 20 -47.

[180] Dimaggio, P., Powell, W.. The Iron Cage Revisited: Institutional Isomorphism and Collective Rationality [J] . American Sociological Review, 1983, 48 (2): 147 -160.

[181] Discua, Cruz, A., Howorth, C., Hamilton, E.. Intrafamily Entrepreneurship: The Formation and Membership of Family Entrepreneurial Teams [J] . Entrepreneurship Theory and Practice, 2013, 37 (1): 17 -46.

[182] Donckels, R., Frohlich, E.. Family Business: Are Family Businesses Really Different? European Experiences from Stratos [J] . Family Business Review, 1991, 4 (2): 149 -160.

[183] Donnelley, R.. The Family Business [J] . Harvard Business Review, 1964, 42 (4): 93 -105.

[184] Dou, J. S., Zhongyuan Zhang, Emma Su. Does Family Involvement Make Firms Donate More? Empirical Evidence from Chinese Private Firms [J] . Family Business Review, 2014, 27 (3): 259 -274.

[185] Du, J., Lu, Y., Tao, Z.. FDI Location Choice: Agglomeration vs Institutions [J] . International Journal of Finance & Economics, 2008, 13 (1): 92 - 107.

[186] Dyer, W. G., Whetten, D. A.. Family Firms and Social Responsibility:

Preliminary Evidence from the S&P 500 [J] . Entrepreneurship Theory and Practice, 2006, 30 (6): 785 - 802.

[187] Edwin, E. M., Votaw, D.. Rationality, Legitimacy, Responsibility: Search for New Directions in Business and Society [M] . Snata, Monica, CA: Goodyear Publishing Co., 1978.

[188] Faccio, M., Lang, L. H. R.. The Separation of Ownership and Control: An Analysis of Ultimate Ownership in Western European Countries [J] . Journal of Financial Economics, 2002, 65 (4): 365 - 395.

[189] Feliu, N., Botero, I. C.. Philanthropy in Family Enterprises: A Review of 89 [J] . Family Business Review, 2016, 29 (1): 121 - 141.

[190] Fisman, R.. Association Estimating the Value of Political Connections [J] . The American Economic Review, 2001, 91 (4): 1095 - 1102.

[191] Friedman, M.. The Social Responsibility of Business is to Increase Its Profits [J] . New York Times Magazine, 1970, 9 (13): 32 - 33.

[192] Frooman, J.. Stakeholder Influence Strategies [J] . Academy of Management Review, 1999, 24 (2): 191 - 206.

[193] Galaskiewicz, J.. Looking Good and Doing Good: Corporate Philanthropy and Corporate Power [J] . Contemporary Sociology, 1997, 77 (3): 308 - 310.

[194] Gautier, A., Pache, A. C.. Research on Corporate Philanthropy: A Review and Assessment [J] . Journal of Business Ethics, 2015, 126 (4): 343 - 369.

[195] Gersick, K., Davis, J., Hampton, M., Lansberg, I.. Generation to Generation: Life Cycles of the Family Business [M] . Massachusetts: Harvard Business School Press, 1997.

[196] Gersick, K., Lansberg, I., Desjardins, M.. Stages and Transitions: Managing Change in the Family Business [J] . Family Business Review, 1999, 12 (4): 287 - 297.

[197] Gimeno, J., Folta, T. B., Cooper, A. C.. Survival of the Fittest? Entrepreneurial Human Capital and the Persistence of Underperforming Firms [J] . Administrative Science Quarterly, 1997, 42 (4): 750 - 783.

[198] Godfrey, P. C.. The Relationship Between Corporate Philanthropy and Shareholder Wealth: A Risk Management Perspective [J]. Academy of Management Review, 2005, 30 (4): 777 -798.

[199] Gomez - Mejia, L. R., Nunez - Nickel, M., Gutierrez, I.. The Role of Family Ties in Agency Contracts [J]. Academy of Management Journal, 2001, 44 (1): 81 -95.

[200] Gomez - Mejia, L. R., Haynes, K. T., Nunez - Nickel, M., Jacobson, K. J. L., Moyano - Fuentes, J.. Socioemotional Wealth and Business Risks in Family - Controlled Firms: Evidence from Spanish Olive Oil Mills [J]. Administrative Science Quarterly, 2007, 52 (1): 106 -137.

[201] Gomez - Mejia, L. R., Makri, M., Larraza - Kintana, M.. Diversification Decisions in Family - Controlled Firms [J]. Journal of Management Studies, 2010, 47 (2): 223 -252.

[202] Gomez - Mejia, L. R., Cruz, C., Berrone, P., De Castro, J.. The Bind That Ties: Socioemotional Wealth Preservation in Family Firms [J]. Academy of Management Annals, 2011 (5): 653 -707.

[203] Habbershon, T., Williams, M. L.. A Resource - Based Framework for Assessing the Strategic Advantages of Family Firms [J]. Family Business Review, 1999, 12 (1): 1 -12.

[204] Habbershon, T. G., Pistrui, J.. Enterprising Families Domain: Family - Influenced Ownership Groups in Pursuit of Transgenerational Wealth [J]. Family Business Review, 2002, 2 (23): 257 -276.

[205] Habbershon, T. G., Williams, M., MacMillan, I. C.. A Unified Perspective of Family Firm Performance [J]. Journal of Business Venturing, 2003, 18 (4): 451 -465.

[206] Handler, W. C.. Methodological Issues and Considerations in Studying Family Businesses [J]. Family Business Review, 1989, 2 (3): 257 -276.

[207] Handler, W. C.. Succession in Family Firms: A Mutual Role Adjustment Between Entrepreneur and Next - Generation Family Members [J]. Entrepreneurship

Theory and Practice, 1990, 15 (1): 37 –52.

[208] Handler, W. C.. The Succession Experience of the Next Generation [J]. Family Business Review, 1992, 5 (3): 283 –307.

[209] Handler, W. C.. Succession in Family Business: A Review of the Research [J]. Family Business Review, 1994, 7 (2): 133 –157.

[210] Jensen, M. C., William, H. M.. Theory of the Firm: Managerial Behavior Agency Costs and Ownership Structure [J]. Journal of Financial Economics, 1976, 3 (4): 305 –360.

[211] Johnson, S., Mitton, T.. Cronyism and Capital Controls: Evidence from Malaysia [J]. Journal of Financial Economics, 2003, 67 (2): 351 –382.

[212] Kachaner, N., George, S., Bloch, A.. What You Can Learn from Family Business [J]. Harvard Business Review, 2012, 90 (11): 102 –106.

[213] Klein, B., Robert, G.. Vertical Integration, Appropriable Rents, and the Competitive Contracting Process [J]. The Journal of Law & Economics, 1978, 21 (2): 297 –326.

[214] Lambrecht, J.. Multigenerational Transition in Family Businesses: A New Explanatory Model [J]. Family Business Review, 2005, 40 (3) : 112 –282.

[215] La Porta., Rafael, F. L., Andrei, S.. Corporate Ownership Around the World [J]. Journal of Finance, 1999, 54 (2): 471 –520.

[216] Le Breton – Miller, I., Miller, D., Steier, L. P.. Toward an Integrative Model of Effective FOB Succession [J]. Entrepreneurship Theory and Practice, 2004, 28 (4): 305 –328.

[217] Lee, K. S., Lim, G. H., Lim, W. S.. Family Business Succession: Appropriation Risk and Choice of Successor [J]. Academy Management Review, 2003, 28 (4): 657 –666.

[218] Lee, J. W.. Government Interventions and Productivity Growth [J]. Journal of Economic Growth, 1996, 1 (3): 291 –414.

[219] Longenecker, J., Schoen, J.. Management Succession in the Family Business [J]. Joumal of Small Business Management, 1978, 16 (3): 1 –6.

[220] Lubatkin, M. , Schulze, W. , Ling, Y. . The Effects of Parental Altruism on the Governance of Family – managed Firms [J] . Journal of Organizational Behavior, 2005, 26 (3): 313 –330.

[221] Lubatkin, M. , Ling, Y. , Schulze, W. S. . An Organizational Justice – Based View of Self – Control and Agency Costs in Family Firms [J] . Journal of Management Studies, 2007, 44 (6): 955 –971.

[222] Maury, B. . Family Ownership and Firm Performance: Empirical Evidence from Western European Corporations [J] . Journal of Corporate Finance, 2006, 12 (2): 321 –341.

[223] Mescon, Tilson, D. J. . Coporate Philanthropy: A Strategic Approach to the Bottom Line [J] . California Management Review, 1987, 29 (2): 49 –61.

[224] Meyer, J. W. , Brian, R. . Institutionalized Organizations: Formal Structure as Myth and Ceremony [J] . American Journal of Sociology, 1977, 83 (2): 340 –363.

[225] Miller, D. , Minichilli, A. , Corbetta, G. . Is Family Leadership Always Beneficial? [J] . Strategic Management Journal, 2013, 34 (2): 553 –571.

[226] Miller, D. , Steier, L. , Le Breton – Miller, L. . What Can Scholars of Entrepreneurship Learn from Sound Family Businesses? [J] . Entrepreneurship Theory and Practice, 2016, 40 (3): 445 – 455.

[227] Mishra, C. S. , McConaughy, D. C. . Founding Family Control and Capital Structure: The Risk of Loss of Control and the Aversion to Debt [J] . Entrepreneurship Theory and Practice, 1999, 23 (4): 53 –65.

[228] Mitchell, K. , Agle, B. R. , Wood, D. J. . Toward a Theory of Stakeholder Identification and Salience: Defining the Principle of Who and What Really Counts [J] . Academy of Management Review, 1997, 4 (22): 853 –886.

[229] Morck, R. , Yeung, B. . Family Control and the Rent – Seeking Society [J] . Entrepreneurship Theory and Practice, 2004, 28 (4): 391 –409.

[230] Mueller, S. A. . The Opportunity Cost of Discipleship: Ethical Mutual Funds and Their Returns [J] . Sociology of Religion, 1991, 52 (1): 111 –123.

[231] Murray, B.. The Succession Transition Process: A Longitudinal Perspective [J]. Family Business Review, 2003, 16 (1): 17 -34.

[232] Naldi, L. M., Nordqvist, K., Sjoberg, W. J.. Entrepreneurial Orientation. Risk Taking, and Performance in Family Firms [J]. Family Business Review, 2007, 20 (1): 33 -47.

[233] Nordqvist, M., Zellweger. T.. A Qualitative Research Approach to the Study of Trangenerational Entrepreneurship: Exploring Growth and Performance in Family Firms Across Generations [M]. Paris: Edward Elgar Publishing, 2010.

[234] North, D. C.. Institutions, Institutional Change and Economic Performance [M]. Cambridge: Cambridge University Press, 1990.

[235] Oliver, C.. The Influence of Institutional and Task Environment Relationships on Organizational Performance: The Canadian Construction Industry [J]. Journal of Management Studies, 1997, 34 (1): 99 -123.

[236] Pan, Y., Weng, R. Y., Xu, N. H.. The Role of Corporate Philanthropy in Family Firm Succession: A Social Outreach Perspective [J]. Journal of Banking & Finance, 2018, 88 (2): 423 -441.

[237] Peng, M. W.. Outside Directors and Firm Performance During Institutional Transitions [J]. Strategic Management Journal, 2004, 25 (5): 453 -471.

[238] Porter, M. E., Kramer, M. R.. The Competitive Advantage of Corporate Philanthropy [J]. Harvard Business Review, 2002, 80 (12): 56 -68.

[239] Rogoff, E. G., Heck, R. K.. Evolving Research in Entrepreneurship and Family Business: Recognizing Family as the Oxygen That Feeds the Fire of Entrepreneurship [J]. Journal of Business Venturing, 2003, 18 (5): 559 -566.

[240] Rosenblatt, P. C., Mik, L., Anderson, R. M., Fohnson, P. A.. The Family in Business: Understanding and Dealing with the Challenges Entrepreneurial Families Face [M]. San Francisco: Josscy - Bass, 1985.

[241] Schulze, W., Lubatkin, M., Dino, R.. Agency Relationships in Family Firms: Theory and Evidence [J]. Organization Science, 2001, 12 (2): 99 -116.

[242] Schulze, W., Lubatkin, M., Dino, R.. Toward a Theory of Agency

and Altruism in Family Firms [J] . Journal of Business Venturing, 2003, 18 (4): 473 -490.

[243] Schulze, W. S. , Lubatkin, M . H. , Dino, R. . Exploring the Agency Consequences of Ownership Dispersion among the Directors of Private Family Firms [J] . Academy of Management Journal, 2003, 46 (2): 179 -194.

[244] Scott, W. R. . The Adolescence of Institutional Theory [J] . Administrative Science Quarterly, 1987, 32 (4): 493 -511.

[245] Selznick, P. . Institutionalism "Old" and "New" [J] . Administrative Science Quarterly, 1996, 41 (2): 270 -277.

[246] Shanker, M. C. , Astrachan. J. H. . Myths and Realities: Family Business's Contribution to the US [J] . Family Business Review, 1996, 9 (2): 107 -123.

[247] Sharma, P. , Chrisman, J. J. . Determinants of Initial Satisfaction with the Succession Process in Family Firms: A Conceptual Model [J] . Entrepreneurship: Theory and Practice, 2001, 25 (3): 1 -27.

[248] Sharma, P. , Chrisman, J. J. , Chua, J. H. . Succession Planning as Planned Behavior: Some Empirical Results [J] . Family Business Review, 2003, 12 (10): 1 -16.

[249] Shleifer, A. , Vishny, R. W. . Politicians and Firms [J] . Economics & Social Sciences, 1994, 109 (4): 995 -1025.

[250] Simon, J. , Todd, M. . Cronyism and Capital Controls: Evidence from Malaysia [J] . Journal of Financial Economics, 2002 (2): 351 -382.

[251] Smith, C. . The New Corporate Philanthropy [J] . Harvard Business Review, 1994, 72 (3): 105 -116.

[252] Stavrou, E. T. . Succession in Family Businesses: Exploring the Effects of Demographic Factors on Offspring Intentions to Join and Take over the Business [J] . Journal of Small Business Management, 1999, 37 (3): 43 -61.

[253] Stenholm, P. , Pukkinen, T. H. . Firm Growth in Family Businesses - The Role of Entrepreneurial Orientation and the Entrepreneurial Activity [J] . Journal of Small Business Management, 2016, 54 (2): 697 -713.

[254] Stewart, A., Miner, A.. The Prospects for Family Business in Research Universities [J]. Journal of Family Business Strategy, 2011, 2 (1): 3 - 14.

[255] Swanson, D. L.. Addressing a Theoretical Problem by Reorienting the Corporate Social Performance Model [J]. Academy of Management Review, 1995, 20 (1): 43 - 64.

[256] Tagiuri, R., Davis, J. A.. On the Goals of Successful Family Companies [J]. Family Business Review, 1992, 5 (1): 43 - 62.

[257] Thaler, R. H., Shefrin, H. M.. An Economic Theory of Self - Control [J]. Journal of Political Economy, 1981, 89 (2): 392 - 406.

[258] Tatoglu, E., Kula, V., Glaister, K, W.. Succession Planning in Family Owned Businesses Evidence from Turkey [J]. International Small Business Journal, 2008, 26 (2): 155 - 180.

[259] Tihanyi, L., Johnson, R. A., Hoskisson, R. E.. Institutional Ownership Differences and International Diversification: The Effects of Boards of Directors and Technological Opportunity [J]. Academy of Management Journal, 2003, 46 (2): 195 - 211.

[260] Tosi, H. L., Brownlee, A. L., Silva, P.. An Empiriacal Exploration of Decision - making under Agency Controls and Stewardship Structure [J]. Journal of Management Studies, 2003, 40 (8): 2053 - 2071.

[261] Uhlaner, L. M., Kellermanns, F. W., Eddleston, K. A.. The Entrepreneuring Family: A New Paradigm for Family Business Research [J]. Small Business Economics, 2012, 38 (1): 1 - 11.

[262] Ulrich, D., Barney, J. B.. Perspectives in Organizations: Resource Dependence, Efficiency, and Population [J]. Academy of Management Review, 1984, 9 (3): 471 - 481.

[263] Villalonga, B., Amit, R.. How do Family Ownership, Control and Management Affect Firm Value? [J]. Journal of Financial Economics, 2006, 80 (2): 385 - 417.

[264] Waddock, S. A., Graves, S. B.. The Corporate Social Performance [J].

Strategic Management Journal, 1997, 8 (4): 303 -319.

[265] Wang, H., Choi, J., Li, J.. Too Little or Too Much? Untangling the Relationship Between Corporate Philanthropy and Firm Financial Performance [J]. Organization Science, 2008, 19 (1): 143 -159.

[266] Wang, H., Qian, C.. Corporate Philanthropy and Corporate Financial Performance: The Roles of Stakeholder Response and Political Access [J]. Academy of Management Journal, 2011, 54 (6): 1159 -1181.

[267] Westhead, P., Cowling, M.. Family Firm Research: The Need for a Methodological Rethink [J]. Entrepreneurship Theory and Practice, 1998, 23 (1): 31 -57.

[268] Wiersema, M. F., Zhang, Y.. CEO Dismissal: The Role of Investment Analysts [J]. Strategic Management Journal, 2011, 32 (11): 1161 -1182.

[269] Wiklund, J.. The Sustainability of the Entrepreneurial Orientation - Performance Relationship [J]. Entrepreneurship Theory and Practice, 1999, 24 (1): 37 -48.

[270] Wiklund, J., Shepherd, D.. Entrepreneurial Orientation an Small Business Performance: A Configurational Approach [J]. Journal of Business Venturing, 2005, 20 (1): 71 -91.

[271] Williamson, O. E.. The Economic Institutions of Capitalism [M]. New York: The Free Press, 1985.

[272] Xu, D., Shenkar, O.. Institutional Distance and the Multinational Enterprise [J]. Academy of Management Review, 2002, 4 (27): 608 -618.

[273] Zellweger, T. M., Kellermanns, F. W.. Family Control and Family Firm Valuation by Family CEOs: The Importance of Intentions for Transgenerational Control [J]. Organization Science, 2012, 3 (23): 851 -868.

[274] Zellweger, T. M., Nason, R. S., Nordqvist, M.. From Longevity of Firms to Transgenerational Entrepreneurship of Families: Introducing Family Entrepreneurial Orientation [J]. Family Business Review, 2012, 25 (2): 136 -155.

后　记

自改革开放以来，中国家族企业已经成为中国经济发展过程中不可或缺的力量。随着第一代创业者已经步入暮年，家族企业全面进入代际传承的高峰时期，对于家族企业来说，继任由于涉及家族股权、家族权威和冲突等问题，所以具有复杂性和影响广泛性，这个过程有太多失败的案例，形成了一个所谓“生死之劫”。同时，在国际多变的大环境下，面对人口红利趋于减少、经济转型的新形势，家族企业代际传承问题尤为重要。家族企业代际传承问题的顺利解决，有利于家族企业跨代转型，也有利于推进中国混合所有制改革，从而实现中国经济持续、稳定、快速增长。

家族企业如何顺利完成传承，延续家族企业的社会情感财富，是值得每一个家族企业主思考的问题。如今占中国民营经济 80% 的家族企业正面临着家族代际传承问题，代际传承是一个多维的过程，传承意味着一系列核心要素的留存和转移。家族企业的家族性资源为传承提供了得天独厚的资源，这些传承的资源要素会影响家族企业代际传承的模式选择。家族企业的传承模式如何与家族性资源、家族性慈善与家族性创业等有机结合，探索出家族企业传承的创新模式呢?这是学者关注的热点问题，家族企业基业长青对中国经济的可持续发展至关重要。家族企业已成为中国经济的重要组成部分，成为中华民族伟大复兴的中流砥柱，家族企业为中国经济高速发展做出了巨大贡献。在这种特殊背景下，研究“家族性”视角下家族企业代际传承模式为其他学者研究代际传承议题奠定了基础。

中国家族企业的传承、家族性慈善捐赠与家族性跨代创业相关研究尚处于初期阶段，因此，在复杂的社会大环境下，中国家族企业要实现顺利代际传承，必须要构建家族性视角下的代际传承、慈善捐赠与跨代创业的关系，厘清它们之间的关系和影响因素，实现家族企业的“传承”和“转型”的双赢。鉴于以上研究背景，构成本书的思路和框架，历时两年的构思和论证撰写，不断修改与完善，本书最终呈现在读者面前。

本书能够顺利完成，感谢石河子大学经济与管理学院杨兴全院长、程广斌副院长等领导对我的关心和支持，我将永远铭记于心！感谢工商管理系各位同事对我真诚的帮助！本书能够顺利出版，感谢石河子大学和经济管理出版社！在此一并表达我最真挚的谢意！

笔者